VIDA DE PADRE VÍTOR COELHO

Pe. JÚLIO J. BRUSTOLONI, C.Ss.R.

VIDA DE PADRE VÍTOR COELHO

*Missionário Redentorista e
Apóstolo da Rádio Aparecida*

EDITORA
SANTUÁRIO

DIRETOR EDITORIAL:
Pe. Marcelo C. Araújo, C.Ss.R.

EDITORES:
Avelino Grassi
Márcio F. dos Anjos

COORDENAÇÃO EDITORIAL:
Ana Lúcia de Castro Leite

REVISÃO:
Ana Lúcia de Castro Leite

DIAGRAMAÇÃO
Juliano de Sousa Cervelin

CAPA:
Tiago Mariano da Conceição

ILUSTRAÇÃO DA CAPA:
Tela a óleo de Hélio Hatanaka

Dados Internacionais de Catalogação na Publicação (CIP)
(Câmara Brasileira do Livro, SP, Brasil)

Brustoloni, Júlio, 1926-
 Vida de Padre Vítor Coelho de Almeida: missionário redentorista e apóstolo da Rádio Aparecida / Julio J. Brustoloni. – Aparecida, SP: Editora Santuário, 1998.

 ISBN 85-7200-548-X

 1. Almeida, Vítor Coelho de, 1899-1987 I. Título. II. Título: Missionário redentorista e apóstolo da Rádio Aparecida.

98-0966   CDD-922.2

Índices para catálogo sistemático:

1. Padres católicos: Biografia e obra 922.2

Com aprovação eclesiástica

10ª impressão

Todos os direitos em língua portuguesa reservados à EDITORA SANTUÁRIO – 2022

Rua Pe. Claro Monteiro, 342 – 12570-000 – Aparecida-SP
Tel.: 12 3104-2000 – Televendas: 0800 - 0 16 00 04
www.editorasantuario.com.br
vendas@editorasantuario.com.br

Apresentação

Padre Vítor Coelho de Almeida faleceu a 21 de julho de 1987, e sua memória ainda está viva no meio do povo, especialmente entre os ouvintes da Rádio Aparecida e os devotos peregrinos da Senhora da Conceição Aparecida. Estes não se esquecem de seu carisma de evangelizador. Sua palavra cheia de unção e fé chegava ao coração das pessoas, despertando sincera busca de Deus: a conversão pessoal para Cristo. Daí a estima e veneração que todos tinham e têm por ele. Não esqueceram ainda suas virtudes, especialmente sua fé e sua confiança na misericórdia de Deus. Consideravam-no um homem de Deus, um redentorista de muita virtude. Chegaram a chamá-lo de 'santo' já em vida e atribuem-lhe essa virtude muito mais agora. Muitos são os testemunhos de graças alcançadas por sua intercessão. O povo confessa sua fé e suas virtudes, especialmente seu amor a Jesus Cristo e sua grande e filial devoção a Nossa Senhora Aparecida. Nós, porém, nos sujeitamos à palavra e à apreciação da Igreja acerca de suas virtudes.

Padre Vítor foi um grande e carismático missionário redentorista que atraía multidões, sabendo comunicar-lhes o sentido profundo da busca de Jesus Cristo mediante a conversão. Para isso, ele se apoiava no patrocínio de Maria.

Não nasceu santo, embora santificado pelo batismo que o tornou discípulo de Jesus Cristo. Sua infância foi cheia de percalços, sofrimentos e desorientação. Deus, porém, interveio de uma maneira especial, conduzindo-o para o Seminário de Santo Afonso em Aparecida, onde reorientou sua vida para o amor a Jesus Cristo e a Maria, sua Mãe. A partir daí, considerava-se "filho da misericórdia de Deus" desejando que todos os seus evangelizados igualmente o fossem. Creio que nasceu deste fato sobrenatural e de graça seu grande amor à Palavra de Deus, que com tanta unção transmitiu ao povo.

Ele se considerava um privilegiado de Maria e por isso não poupava esforços nem sacrifícios para levar ao povo grande confiança em Nossa Senhora Aparecida, tanto que podemos chamá-lo Missionário de Nossa Senhora Aparecida, além de Apóstolo da Rádio Aparecida, pelo seu zelo em anunciar a Palavra de Deus.

Como todos os predestinados de Deus, recebeu não só graças escolhidas para se santificar, mas também sofrimentos e angústias para cumprir sua missão de evangelizador e participar da missão redentora de Cristo. Foi chamado a entrar de corpo e alma no Jardim das Oliveiras, para junto com o Cristo Sofredor purificar-se na solidão e na dor, e receber o carisma de evangelizador com unção e poder de tocar os corações para convertê-los para Cristo.

Nas páginas desta biografia você vai encontrar o ambiente familiar em que viveu, os dias amargos de sua primeira infância e a maneira estranha com a qual um sacerdote coloca-o no Seminário de Santo Afonso. Depois o caminhar progressivo do jovem na virtude que o leva a abraçar generosamente a vocação de missionário redentorista. Por fim, sua vida dedicada ao apostolado dos mais pobres na Congregação do Santíssimo Redentor. Benditos e santos os que sabem evangelizar os pobres para o Reino de Deus.

O autor

1

As famílias Coelho de Almeida e Alves Moreira

Neste primeiro capítulo vamos apresentar alguns dados dos troncos de onde procedeu a família do Padre Vítor. Ambiente e costumes, defeitos e virtudes de família geralmente influenciam na formação do caráter dos filhos. Por isso é bom conhecer os antecedentes familiares de nosso biografado para podermos avaliar o caminho de vida cristã percorrido por ele. O ambiente de sua infância influenciou negativamente na sua formação. Mas ele superou esse condicionamento pela sua confiança na misericórdia de Deus, que o escolheu para a alta missão de evangelizador.

Padre Vítor nasceu da união de dois troncos bem distintos e distantes um do outro: um luso-brasileiro-francês, da cidade de São João da Barra, Província (Estado) do Rio de Janeiro; e outro, luso-afro-brasileiro da cidade de Sacramento, originário da cidade de Ouro Preto, da Província (Estado) de Minas Gerais. Os Coelho de Almeida, vindos de Portugal, eram ricos fazendeiros na região de Campos, RJ, com grandes engenhos de cana-de-açúcar, e os Alves Moreira migraram de Ouro Preto para a região do Desemboque, em busca do ouro.

Distantes e distintas eram as regiões socioeconômicas das Províncias do Rio de Janeiro e de Minas Gerais. Em ambas existiam os lusos, os luso-brasileiros, os negros escravos, mulatos e mamelucos e os índios. A escravatura estava ainda em pleno vigor, de cujo braço se beneficiavam as famílias Coelho de Almeida nos grandes engenhos de cana-de-açúcar, que faziam a riqueza daquela região da Província do Rio de Janeiro e as famílias Alves Moreira, que tiravam riqueza do garimpo da região do Desemboque e, posteriormente, da lavoura e criação de gado, no Triângulo Mineiro.

Distintas era ainda a formação religiosa de ambas: os Alves Moreira mais piedosos e os Coelho de Almeida mais liberais.

Na cidade de São João da Barra, região de Campos, vivia parte dos Coelho de Almeida, fazendeiros que exploravam vastas lavouras de cana-de-açúcar. Em fins do século dezoito e nas primeiras décadas de 1800, a região era a "Terra do Açúcar". Eram católicos, com a marca do primeiro império: isto é, professavam o catolicismo luso-brasileiro que centrava a prática da religião na inscrição das irmandades, na celebração da Semana Santa e nas festas do padroeiro e outros santos da devoção popular. Não se tratava ainda da prática do Catolicismo Romano com missa, catequese e sacramentos, que começou a ser implantado com a Reforma Católica, iniciada em Minas Gerais pelo santo bispo de Mariana, Dom Antônio F. Viçoso, em meados do século dezenove, e que ainda não havia chegado às regiões do Triângulo Mineiro e Norte Fluminense.

Na cidade de Sacramento, e região do assim chamado Triângulo Mineiro de hoje, da Província de Minas Gerais do século passado, viviam os Alves Moreira. A era do garimpo já não estava no seu auge de riqueza; seu grande centro, Desemboque, já entrava em decadência e os ouropretanos que o haviam fundado e iniciado aquele garimpo, desbravaram aquele sertão, ampliando a colonização, fundando a cidade de Sacramento. Os Alves Moreira não eram ricos nem de formação intelectual esmerada, mas eram de uma vida cristã de maior piedade.

Avós paternos e maternos do Padre Vítor — Seus avós paternos foram: Manuel Coelho de Almeida, natural de São João da Barra, e Victorine Cousin, de nacionalidade francesa. Manuel era advogado e herdara boa fazenda de cana-de-açúcar, mas, ao que parece, a vida religiosa não acompanhava sua formação e cultura, pois não tinha grande vivência religiosa. Madame Victorine recebera educação intelectual esmeradíssima na cidade de Paris, mas era de formação presbiteriana. Do casamento de Manuel e Victorine nasceram as filhas Leônia e Noelina, e um filho homem, chamado Leão (Léo na intimidade).

Seus avós maternos foram: José Alves Moreira e Mariana Alves Moreira, também conhecida como Florida do Brasil. Como dissemos atrás, os Alves Moreira eram gente de maior tradição e costumes religiosos, da rica tradição familiar da cidade de Ouro Preto com suas festas, consertos religiosos, suas inúmeras e ricas igrejas e, sobretudo, com a rica e popular celebração da Semana Santa. Gente com dons musicais e poéticos. Esta sensibilidade artística será transmitida ao nosso Vítor, que compôs músicas e sabia descrever poeticamente, em seus programas, fatos e datas importantes da vida.

Leão Coelho de Almeida nasceu na cidade de São João da Barra, a 3 de março de 1867. Nos primeiros meses de vida, perdeu o pai e com a mãe mudou-se para a cidade de Campos, depois novamente para São João da Barra e, finalmente, para o Rio de Janeiro.

Nas suas memórias, que intitulou "Torneira 1, 2, 3...", o pai de nosso Vítor escreveu:

"Nasci em São João da Barra. Meu pai morreu quando eu tinha poucos meses. Depois do falecimento de meu pai, minha mãe mudou de habitação cinco vezes em quatro anos. Aos dois anos, passaram-se para Campos, voltando, muito depois, para São João da Barra, o cenário não me despertou nenhuma recordação, mas indo a Campos, reconheci perfeitamente o terreno em que pisava. Datam daí as minhas recordações mais antigas, talvez dos meus três anos. Aos seis anos (*1873*) estava no Rio de Janeiro".

Na Corte, como era conhecida a cidade do Rio de Janeiro dos imperadores, Leão viveu, a partir de 1873, sua adolescência e juventude. Essa etapa de sua vida não foi nada tranquila, mas de mudanças contínuas de residência no Rio e em Niterói. A mãe, Victorine Cousin, viúva, dedicou-se à educação, abrindo e mantendo colégios; primeiro, no Rio, depois, em São Paulo e Minas, de cujas rendas vivia.

O menino Leão frequentou bons colégios no Rio, como: Colégio Vitório e o Instituto Aquino, o melhor do tempo da

Corte. Como criança Leão foi iniciado na arte teatral,[1] participando de pequenas peças do colégio; já aos sete anos assistiu à representação da célebre peça "Honra e Glória", que lhe daria um pendor para esse campo da cultura, especialmente depois de sua formação em Paris. Sua formação intelectual foi muito boa, deixando muito a desejar, porém, a formação religiosa. Como Vítor escreveu no seu Curriculum Vitae, seu pai era um homem indiferente, o que refletirá na sua própria educação.

Já maior, de mãos com a herança de mais de vinte contos de réis, vai estudar em Paris, frequentado um Curso de Artes Decorativas, voltando para o Rio, em 1894, como gravador e litógrafo, profissão que, na época, ainda não tinha campo de trabalho na cidade do Rio de Janeiro. Nessa época, sua mãe Victorine transfere-se para a cidade de Araxá, MG, onde abriu um colégio.

Maria Sebastiana Alves Moreira, mãe do Padre Vítor, nasceu em Sacramento, a 20 de janeiro de 1880. Tinha boa cultura, pois frequentou o Colégio de 'Sea Cândida', daquela cidade, concluindo-o aos seus 17 anos de idade.

1.1. A família do Padre Vítor

Dois troncos familiares tão distantes e de distinta formação intelectual e religiosa iriam encontrar-se na pequena cidade de Sacramento: Coelho de Almeida e Alves Moreira. Leão Coelho

---

[1] Mais tarde, como professor primário, no Triângulo Mineiro, ele se servirá desse dom para instruir e animar as crianças das escolas onde lecionava.

de Almeida, na última década do século passado, estava em Paris, ganhando a vida como gravador e sua mãe – Madame Victorine Cousin – no Rio de Janeiro. Desentendendo-se com as filhas e parentes viajou também para aquela capital francesa e fez pressão para que o filho Leão voltasse para o Brasil. Em 1894, ambos, mãe e filho, transferiram-se para a cidade de Araxá, MG. "Victorine, onde chegava, abria colégio. Depois saía, quase sempre brigada. Assim peregrinou em Rio Claro, Araras, Araraquara, São Carlos do Pinhal e São Paulo, até voltar ao Rio", escreve o filho José Almeida Cousin, irmão mais velho do Padre Vítor, "em Cem Anos de Memória".

Mas o filho Leão permaneceu em Araxá, tornando-se professor primário em Sacramento, com exames de habilitação prestados em Uberaba. Veio a conhecer, nesse meio tempo, a jovem Maria Sebastiana Alves Moreira com quem se casou, a 20 de janeiro de 1897, na matriz de Sacramento. Interessante: a mãe de Maria Sebastiana, Mariana Alves Moreira, não queria o casamento de sua filha com o professor Leão. A respeito escreveu José Almeida Cousin nas Memórias: "Dona Mariana queria casar a Mariquinha (*Maria Sebastiana*) com o Teófilo Barbosa, filho de fazendeiro, e que ela escrevesse ao Leão, despedindo-o. Exerceu todas as pressões de mãe daquele tempo, menos a violência física. A moça fechou a boquinha. Não bateu o pé, mas não escreveu a carta. Venceu. Coitada. Eu sou filho de uma mulher moça, luminosa, cheia de coragem, de 18 anos, e de um homem belo, generoso, irrealista e sonhador, de mais de trinta anos. Apaixonados ambos. Minha mãe era mais forte".

Desse casamento nasceram: José (Almeida Cousin), o primogênito, a 15 de dezembro de 1897; Vítor, a 22 de setembro de 1899; Leão, em 1902, falecido aos três meses de idade; Maria Cândida, em 1903, e Veriana, em 1905.

Os 11 anos e meio (1897-1908) do casamento não decorreram tranquilos; foram dosados com fracassos financeiros, dor e sofrimento. Depois de alguns anos de professor, Leão foi convidado pelo primo Cônego Victor para juntos adquirirem uma fazenda no Sul de Minas, intitulada "Fazenda das Pedras Negras", nas proximidades de Campo Limpo (Estrada de Ferro Leopoldina). E para lá se foram eles, onde, esgotados os recursos e fracassado o empreendimento rural, mudaram-se para a cidade do Rio de Janeiro. Passaram por muitas necessidades. A mãe costura, o pai emprega-se numa funerária, depois na Companhia de Bondes. Até pensão chegaram a dar junto de uma das praias. O José diz que a mãe era até moderna, pois ia para banhos do mar. O Cônego Victor os ajuda. Em 1905, ainda no Rio, nasce a caçula, Veriana.

No início de 1907, a mãe fica doente, agravando-se sempre mais a insidiosa tuberculose. Os médicos aconselham mudança para Minas Gerais, em busca de um clima mais favorável. Pelo Natal a família viajou para o Triângulo Mineiro, chegando a Araguari nos começos de janeiro de 1908. Estabeleceu-se na pequena freguesia de Uberabinha (hoje a próspera cidade de Uberlândia), onde o professor Leão abriu uma escola: a "Escola do Seo Leão". Mas aqueles anos foram, por todos os modos, anos de prova: lugar novo, nova escola e a doença e morte da esposa e mãe, Maria Sebastiana, a 17 de junho de 1908. Estava praticamente desfeita a família: José com pouco mais de 11 anos, Vítor com pouco mais de 8 anos e as duas meninas, Mariinha e Veriana, ainda crianças. Entregando os filhos à avó materna, Dona Mariana, e conservando consigo o pequeno Vítor, o pai percorria as fazendas como professor contratado pelos fazendeiros. Fazia isso com determinação para manter os filhos (José, Maria Cândida e Veriana), que anos depois passaram a estudar em Ouro Preto.

Leão tinha muito amor e interesse pelos seus alunos; era um educador dedicado. Artista, sabia imprimir no coração dos alunos o amor à arte, especialmente ao teatro e à declamação de poesias, sendo ele mesmo poeta e teatrólogo. Foi um "professor andarilho dos sertões mineiros", na expressão de sua filha, a professora e catequista Mariinha, levando a educação e a fé para todos os recantos do Triângulo Mineiro. Ela escreveu: "Por fazendas e aldeias, o incansável professor Leão, por mais de 40 anos, percorrerá os sertões intermináveis do Triângulo Mineiro e do Alto Parnaíba alfabetizando, instruindo, educando para ganhar o pão aos filhos que estudam e que terão o seu diploma em Ouro Preto. Diplomados os filhos, ele continuará a caminhar, deixando o rasto luminoso de sua passagem na inteligência das crianças que agora leem, escrevem, resolvem problemas nos cadernos infantis, artisticamente decorados e coloridos, nos livros, mapas, objetos escolares, que vão ficando muitas vezes para trás..."

O professor Leão deixou nome para três escolas: "Escola Estadual Professor Leão Coelho de Almeida", de Araxá; Escola Municipal Leão Coelho de Almeida", também de Araxá e "Escola Rural Municipal Professor Leão", em Sacramento.

Lutas e sofrimentos marcaram a vida do professor Leão, e após sua conversão para Cristo, em 1911, a fé e a caridade cristãs foram a força de sua vida de educador. Dos filhos, José foi colocado no Seminário pelo primo Cônego Victor Coelho de Almeida, que fora diretor do Seminário Arquidiocesano do Rio de Janeiro e pároco do Bangu; Vítor, depois de uma infância atribulada, foi internado também pelo primo Cônego Victor, no Seminário de Santo Afonso, em Aparecida; Maria Cândida, a benemérita Mariinha, professora e catequista de Araxá, permaneceu solteira amparando o pai; Veriana, antes de concluir os estudos da Escola Normal de Ouro Preto, tornou-se religiosa do Bom Pastor, falecendo de tuberculose em 1927.

Esse é o panorama da família Coelho de Almeida. Conturbados foram os dias de instabilidade econômica e de contínuas transferências de moradia, de fracassos econômicos e sofrimentos, de doença e morte prematura da mãe, de descrença do pai e do filho mais velho José. Todos os outros membros da família, com exceção do Leãozinho, falecido aos três meses, e de Veriana, religiosa observante, ceifada aos 22 anos pela tuberculose, depois de se ter distinguido como uma alma vítima pela conversão dos seus,[2] alcançaram mais de 80 anos de vida.

A mãe era piedosa, mas faltava uma tradição religiosa mais viva nos outros membros da família. O pai era indife-

---

[2] Sobre Veriana, que professou na Congregação do Bom Pastor, sua colega de Noviciado, Ir. Maria da Ressurreição escreveu em 1987: "Foi uma religiosa exemplar. Ofereceu-se como vítima para conversão de seu tio (Cônego Victor). Deus aceitou a vitimazinha e, logo após sua profissão, apanhou uma tuberculose pulmonar e veio a falecer na Bahia, aos 21 anos".

rente; José fez a primeira comunhão sem boa preparação, por ocasião da passagem de missionários, e o Padre Vítor também, mas ele mesmo atesta no seu Curriculum Vitae que lhe faltou o ensino do catecismo. Melhor sorte tiveram as duas irmãs Mariinha e Veriana, que foram educadas em Ouro Preto, com boa formação religiosa inclusive. Mariinha foi ótima professora e catequista; Veriana uma santa religiosa do Bom Pastor, que deixou exemplo de virtudes, nas casas por onde passou no curto espaço de sua vida religiosa, como em Salvador da Bahia.

Uma vez direcionado na vocação religiosa redentorista, Padre Vítor se propôs como objetivo primordial de sua missão apostólica catequizar as pessoas, inclusive seu pai Leão e seu irmão José, e levá-las a acreditar e confiar na misericórdia de Deus e no patrocínio de Maria.

2

Infância conturbada

Leão Coelho de Almeida e Maria Sebastiana Alves Moreira constituíram família em Sacramento, MG, pelo sacramento da Igreja na matriz de Nossa Senhora do Santíssimo Sacramento, a 12 de dezembro de 1897, e pelos laços da lei civil no Cartório local na mesma data. Vítor nasceu em Sacramento, a 21 de setembro de 1899, e foi batizado na igreja matriz de Sacramento, a 1º de outubro do mesmo ano, e crismado na mesma igreja em data ignorada. Fez a primeira comunhão na matriz de Uberlândia, antiga Uberabinha, no ano de 1908.

Leão era um intelectual, mas sonhador, como o chama seu filho José nas Memórias. Maria Sebastiana, a mãe, uma mulher meiga e piedosa, mas frágil de saúde. Depois de alguns anos vividos em relativa tranquilidade na cidade de Sacramento, ele como professor e ela preocupada com os afazeres domésticos, a família migrou para o Sul de Minas, em 1902. Na região da Leopoldina, perto de Campo Limpo, MG, o pai comprou uma fazenda em parceria com o sobrinho, Cônego Victor. Tendo fracassado o projeto, mudou-se com toda a família para a cidade do Rio de Janeiro. Esse vaivém com os filhos pequenos perturbou sua educação, além das consequências financeiras negativas que muito prejudicariam seu futuro. Pior ficou ainda, em começos de 1907, com a doença grave da mãe que os forçou a retornar para Minas, onde se estabeleceram na pequena cidade de Uberabinha, e onde sobreveio sua morte, em junho de 1908, que privou os filhos do carinho do lar e da educação cristã.

Tudo isso, com a morte da mãe, prejudicou muito os filhos, mas, ao que parece, o pequeno Vítor, com quase 9 anos, foi o mais atingido pela falta de carinho e orientação moral da mãe. As duas meninas e o José ficaram com a avó Dona Mariana, aquelas passando depois para serem educadas na cidade de Ouro Preto e o José, depois de ficar algum tempo com o Cônego Victor no Rio de Janeiro, foi internado por ele no Seminário de Três Ilhas, em Minas Gerais, e, posteriormente em um colégio dos Padres Jesuítas, em Lanzo na Itália, ao passo que Vítor ficou só com o pai. Este, infelizmente, não tinha tempo disponível para educá-lo, pois estava muito assoberbado com as aulas nas fazendas.

Vivo, irrequieto e extrovertido, o pequeno Vítor, o Vitinho da intimidade, se meteu com a trempe dos moleques e fazia muitas diabruras. O pai, percebendo a impossibilidade de lhe dar uma boa educação, entregou-o à avó Mariana, que residia na cidade de Conquista, MG, onde toda a parentela dos Alves Moreira estava radicada. Com a avó, seu comportamento não foi muito melhor; novamente metido com os moleques aprendeu tudo, como dizia, menos os bons costumes e as coisas de religião. É ele mesmo que faz uma retrospecção de sua infância atribulada e conturbada, escrevendo na terceira pessoa, embora use também a primeira, numa salada própria do Padre Vítor:

"Em Uberabinha, morre minha mãe. Vítor tinha então 7 ou 8 anos. Tendo o pai deixado mais tarde a cadeira de professor na cidade para lecionar na fazenda de Douradinho (a 5 ou 6 léguas de Uberabinha), levou consigo o filho. Meses depois, este deixava seu pai, para morar (*em 1910*) em Conquista com a avó. Adoeceu gravemente com febre violenta que por quase 4 dias lhe pôs a vida em risco. Dois meses mais ou menos bastaram para seu restabelecimento. Pouco depois, fins de 1910, foi levado por seu primo, Cônego Victor, para Bangu, onde esteve cerca de meio ano, isto é, até ser levado para o Juvenato (*Seminário de Santo Afonso de Aparecida*), a 4 de abril de 1911. Sua educação religiosa foi insuficiente, pois até sua entrada no Juvenato ignorava o catecismo. Sua educação moral não deixou menos a desejar, pois sendo de um natural leviano, perdeu aos 6 anos (*de fato oito e pouco*), por doença da mãe, a vigilância materna. A avó por ser idosa, substituiu deficientemente a vigilância materna. Vítor esteve a sós com o pai por um ano, em Uberabinha, sem outra pessoa que cuidasse dos afazeres domésticos e zelasse pelo rapaz. O resultado foi que o menino se tornou a cruz de seu pai e da avó, os quais não sabiam como corrigi-lo. É claro que ao comportamento correspondia a reputação e todos o tinham por mal criado e mau menino. E de fato não sorria o futuro do rapaz, pois o pai (só) não o podia educar, muito menos a avó. Meios para o pôr em colégio não havia. Foi então que o Cônego Victor o tomou consigo. Depois de algum tempo, porém, ameaçava de não se encarregar mais dele".

Aí temos uma descrição realista de sua infância sem o carinho e orientação de uma mãe cristã, escrita em 1917, quando o Padre Vítor recebia o hábito redentorista. Sabemos quanto isso vai influenciar em suas palestras radiofônicas e instruções aos peregrinos no Santuário de Aparecida sobre a necessidade da educação e catequese dos filhos. Mas, vejam como, depois de seis anos, o Vítor era outro e outra era sua vida de jovem. Bastou tão pouco tempo para que ele tivesse outra visão das coisas pela fé e confiança na misericórdia de Deus. É bonito este trecho no qual narra a transformação de sua infância: "Sob a vigilância dos superiores, cercado de bons companheiros, instruindo-se na religião, é claro que foi-se transformando".

Novos são os rumos de sua adolescência, pois estava com 11 anos e meio quando seu primo, Cônego Victor, internou-o no Colégio de Santo Afonso, o célebre Coleginho, situado na praça do Santuário de Aparecida. Aí encontrou a tranquilidade de que necessitava para recuperar o tempo perdido na sua primeira infância, os anos tristes em que não tinha quem o orientasse para a vida cristã, para a realização pessoal.

3

Vocação do Vítor e conversão do pai

A vocação religiosa e sacerdotal é um dom gratuito de Deus, que o concede a quem bem lhe apraz, independentemente dos méritos pessoais. Mas é sabido que o ambiente cristão da família ajuda, e muito. Famílias com mais filhos, bem estruturadas e cristãs, podem ser berços que embalam a flor de uma vocação religiosa e sacerdotal.

– Mas que vocação foi essa do Vítor, moleque rebelde, trancafiado num Colégio de padres, sem vontade de ser padre?

De fato, ele foi colocado no Colégio de Santo Afonso pelo seu primo padre porque este não o suportava mais em casa. Pensaria então, o Cônego Victor, que o Seminário de Santo Afonso seria, por acaso, um instituto de correção para meninos insubordinados?

Estranhamos essa atitude do Cônego, pois ele fora aluno do Colégio Pio Latino-Americano, em Roma, doutorando-se na Universidade Gregoriana, tinha sido Reitor do Seminário do Rio Comprido, da Arquidiocese do Rio de Janeiro, devendo, portanto, saber quais eram os requisitos principais para um rapaz ser matriculado em um seminário destinado à formação de jovens para o sacerdócio. Na época, o Cônego Victor era o responsável pela catequese da Arquidiocese e pela paróquia operária do Bangu, onde havia realizado bons movimentos sociais entre os operários daquele bairro. Mas, seu fracasso posterior talvez já se refletisse nesse episódio, pois, alguns anos mais tarde, abandonaria o sacerdócio e a Igreja para se tornar pastor protestante.

Com toda a certeza, o então diretor do Colégio de Santo Afonso, Pe. João Batista Kiermeier, onde só se aceitavam meninos que manifestassem pendor e desejo de ser padre redentorista, confiou plenamente na prudência do Cônego Victor ao apresentá-lo no Seminário sem prévia combinação. Nesses fatos todos podemos perceber, entretanto, a mão de Deus que conduzia Vítor para o caminho certo da realização de sua missão. Podemos até afirmar que foi um ato extraordinário da misericórdia de Deus em favor do menino e de seu pai, pois a partir daquele momento também o professor Leão se encontrou com o Mestre, convertendo-se para uma vida de piedade. A família estava salva da desagregação causada pela morte prematura da mãe, e tornar-se-ia uma família eleita de Deus.

De sua transformação religiosa ou conversão, Padre Vítor escreveu: "Sob a vigilância dos superiores, cercado de bons companheiros, instruindo-se na religião, é claro que foi-se transformando". A piedade e o conhecimento da vontade de Deus penetraram seu coração impulsivo de jovem, transformando-o. Sua vocação de missionário redentorista foi um dom extraordinário de Deus em favor dos futuros milhões de evangelizandos e da própria família Coelho de Almeida. Coincidência ou não, milagre ou não, é certo que foi uma graça alcançada pelo pai, após um pedido fervoroso a Nossa Senhora Aparecida. Sentimos isso ao analisar o *Curriculum Vitae* que o Padre Vítor escreveu no retiro de 15 dias, que precedeu a tomada de hábito redentorista, na cidade-santuário de Perdões, em julho de 1917.

É costume na Congregação do Santíssimo Redentor que os candidatos que desejam ingressar nela escrevam em breves traços sua vida anterior, dando ênfase ao fato ou fatos que ocasionaram o desejo de ser missionário redentorista. Pois bem, como Vítor entrou propriamente sem esse desejo, ele se detém em descrever sua infância conturbada depois da morte da mãe e a transformação havida em sua vida nos anos de seminário. Conforme sua visão, trata-se de uma verdadeira conversão. É interessante observar que Vítor atribui essa graça à devoção que sempre conservou a Nossa Senhora. Mas não foi sem luta que ele, diante do desânimo ocasionado pela sua vida pregressa e outras tentações ou vacilações próprias da adolescência, conseguiu firmar sua vocação. Ele escreve:

"Igualmente o desejo de ser redentorista brotou aos poucos em seu coração. Nos começos quase que o desânimo o fez deixar o redil.[3] Mas, passada esta primeira tempestade, foi-se

---

[3] Consta dos colegas de seu tempo que, em certa ocasião, suas malas estavam arrumadas e colocadas na portaria do Colégio e o Vítor a chorar sentado sobre elas. Esperava a hora de partir, quando o Diretor Kiermeier aproximou-se e mandou que ele voltasse para a sala de estudos e recolocasse as malas na rouparia. O próprio Padre Vítor dá uma versão um pouco diferente de sua quase-saída do Seminário

firmando sua aspiração e resolução de ser religioso. Atravessou por vezes fortes tentações contra a vocação. Nessas ocasiões, para não dar passo em falso, recorria a Nossa Senhora, punha em suas mãos a vocação e tudo passava. No mais, passaram-se os seis anos de vida ordinária de juvenista (*seminarista*), deixando alguma coisa a desejar no comportamento e aplicação. A 14 de julho de 1917, chegou ao Noviciado de Perdões. Nossa Senhora que tão misericordiosamente se dignou – talvez em desproporcional recompensa da devoção que Vítor sempre lhe dedicou – de o levar do mau ao bom caminho, que Ela o ajude a despojar-se completamente do 'homem velho', e vestido do novo, perseverar até o fim".

E com alegria ele inclui nesse mesmo dom e graça a conversão do pai Leão. Como vimos, o Sr. Leão não teve uma boa educação cristã e muito menos uma vida de piedade, pois nem o ambiente da época ajudava (catolicismo luso-brasileiro centrado em festas religioso-folclóricas e procissões) nem a mãe podia transmiti-la, pois era de formação liberal e presbiteriana. Contribuíra ainda para seu afastamento da Igreja o ambiente de estudos na França, repleto de um racionalismo anti-igreja.

---

de Santo Afonso, em 1912, numa entrevista em 1983: "Eu nunca quis ser padre, por isso é que, depois de algum tempo no Seminário, em 1912, eu quis ir embora antes que me mandassem. Escrevi um carta a meu primo Cônego Victor para que me viesse buscar e fui levar ao Diretor para que a despachasse. E disse ao Diretor: Olhe, padre, sabe por que eu não posso ser padre? Porque o senhor explicou na conferência que quem pintou o sete como eu, quando era moleque de rua, não pode ser padre. O bom Padre João Batista, que era o Diretor, respondeu sorrindo: Não, você pode ser padre, se você for bom de agora em diante; pode rasgar a carta. Daí em diante comecei a querer e resolvi ficar".

Com satisfação narra a transformação havida no coração de seu pai, lá no longínquo Triângulo Mineiro, onde percorria as fazendas alfabetizando as crianças e ensinando-lhes o catecismo. Chegou até a visitar leprosos com intuitos de caridade, como aconteceu com um deles que residia nas proximidades de Ituiutaba. Não se recusava a apertar-lhe a mão já mutilada pelo mal nas frequentes visitas que lhe fazia. A conversão do professor Leão aconteceu por ocasião da entrada no Seminário de Santo Afonso de seu filho Vítor. E procedeu-se desta maneira. Desesperado com a impossibilidade de dar ao filho irrequieto boa educação, permitiu que o filho fosse levado para o Rio de Janeiro pelo seu sobrinho Cônego Vítor. Mas não tinha esperança de bom resultado. Um dia, aconselhado por amigos mais religiosos, fez uma promessa a Nossa Senhora Aparecida, para conseguir internar o filho numa instituição que conseguisse o orientar e educar. Logo depois de fazer esse voto, recebeu a comunicação que o Vitinho fora internado no Colégio de Santo Afonso, justamente em Aparecida. Depois dessa notícia, Padre Vítor acrescenta no Curriculum, em parêntesis: "Este fato pareceu-lhe milagre evidente e fez renascer a fé em seu coração indiferente".

A respeito da vocação do Padre Vítor, seu irmão mais velho, José, que também fora levado para o seminário contra a vontade, afirma antes de sua conversão em suas "Memórias": "O Vitinho (*Vítor*) – Deus e o Diabo têm suas contrapartidas. Se eu escapei, ficou meu irmão. O outro Vítor Coelho de Almeida (*o cônego*) o deixou no Colégio dos redentoristas, em Aparecida. Este nunca mais saiu. Andou completando estudos na Alemanha e voltou padre. Foi missionário. Esteve tuberculoso, à morte, em Campos do Jordão, e curou-se. O povo gosta dele. Sacramento e Araxá fazem-lhe muita festa, quando aparece. Já completou jubileu sacerdotal".

Para converter este seu irmão José, Padre Vítor fará tudo, como veremos mais adiante.

4

Formação humana e religiosa

A formação redentorista do Padre Coelho protraiu-se por 13 anos, entre abril de 1911, quando entrou no Juvenato de Santo Afonso, em Aparecida, até setembro de 1924, quando, concluídos os estudos na Alemanha, voltou para o Brasil. E as etapas dessa formação foram: o curso ginasial e científico, entre 1911 e 1917; tirocínio especial para a vida religiosa redentorista, chamado Noviciado, de 1º de agosto de 1917 a 2º agosto de 1918; estudos de Filosofia e matérias afins, entre 1918 e 1920, na casa de Aparecida; estudo da Teologia e matérias afins, entre 1921 e 1924, no Estudantado de Gars am Inn.

4.1. No Seminário de Santo Afonso – 1911 a 1917

Em 1911, quando Vítor entrou para o Seminário, este estava localizado na praça do Santuário e era conhecido como Coleginho. Ocupava o lugar do atual Hotel Recreio e era constituído por dois prédios: um de dois andares, o antigo Hotel Arlindo, onde se localizavam as salas de aula, cozinha, refeitório e dormitório; o outro: um chalé, que foi adaptado para quarto do diretor e capela. Atrás existia um pequeno espaço ou local de recreação com uma gruta de Nossa Senhora de Lourdes, sendo o restante do terreno ocupado com um pomar de árvores frutíferas. Como Casa de Campo, para férias e descanso, a Congregação adquiriu, em 1914, bom terreno em frente à capela de N. Senhora da Piedade, no bairro da Piedade, alterado depois pelos redentoristas para bairro da Pedrinha, colocado ao sopé da garbosa e belíssima Serra da Mantiqueira.

O cronista do Seminário de Santo Afonso foi lacônico: "4 de abril de 1911 – Entrou hoje no Colégio um menino natural de Minas, chamado Vítor Coelho de Almeida". Era diretor o Pe. João Batista Kiermeier, que acolheu o menino trazido do Rio de Janeiro pelo seu último educador mal sucedido, Cônego Victor Coelho de Almeida. Ao entrar para o Santo Afonso, conforme sua entrevista de 1983, ele teve este diálogo com o Padre Diretor: "Você quer ser padre? E eu respondi que não. Então disse ele: Você fica alguns meses para não desgostar seu primo e depois você volta para casa, porque aqui só estuda quem deseja ser padre". Em circunstâncias tão estranhas, Padre Vítor iniciou seu tempo de formação correspondente ao ginásio e colegial de hoje no Seminário de Santo Afonso.

Irrequieto e peralta, Vítor teve que dobrar-se diante do horário e da disciplina do Colégio. Se em casa lhe faltou a vigilância da mãe doente, e pior ainda depois de órfão, agora ele tinha disciplina e vigilância de sobra, além do bom exemplo, piedade e compostura dos seminaristas mais velhos. Nele aplica-se bem o ditado popular: "é de pequenino que se torce o pepino". Vítor ainda era criança e, apesar de suas diabruras, era um livro aberto, onde poder-se-iam escrever páginas belas e cheias de conteúdo de zelo missionário redentorista. Tal foi a transformação nele realizada e acontecida, conforme ele próprio testemunhava, pela 'vigilância dos superiores e o bom exemplo dos companheiros", no Seminário de Sto. Afonso.

E não foram somente a vigilância e o bom exemplo que contribuíram para sua educação e formação religiosa redentorista, que, diga-se de passagem, foi de muita fé e piedade, que lhe valeram a perseverança na vocação missionária redentorista e sua fama de homem espiritual. Toda uma série de fatores orientou aquela alma ainda por burilar, aquelas páginas ainda por serem escritas: o horário, as aulas, os passeios, os recreios em comunidade e, especialmente, a liturgia vivida piedosamente nos atos e funções religiosas, tanto na capela do Seminário, como no Santuário de Nossa Senhora Aparecida.

Para participar das aulas e dos atos da comunidade os alunos deveriam apresentar-se educadamente: cabelos cortados e aparados, unhas limpas e cortadas, sapatos limpos e engraxados. Essa disciplina exterior devia ajudar a interior, que tinha nas conferências do diretor, nas leituras e nos exercícios espirituais o alimento próprio. A disciplina era um tanto rígida, pois eram alemães os educadores do Padre Vítor. Mas, como ele mesmo costumava afirmar, a bondade do Padre João Batista amenizava o que havia de rígido e distanciado de um lar. Quantas vezes nos recreios o velho educador entretinha-se em conversa familiar com seus alunos e, a certa altura, começava a agradar seus pupilos, tirando do bolso da batina redentorista – que mais se parecia com uma sacola – ora uma fruta, ora uma balinha, e dizia em tom de surpresa: "Vamos ver se tenho ainda mais uma para você". Como os alunos não eram muitos, sempre havia uma fruta ou uma balinha para cada um no seu bolso.

Mas não foi fácil ao Vítor acostumar-se ao regime e disciplina do Santo Afonso: levantar-se às 5h horas para participar da pequena instrução matinal e da santa missa diária, às 5h30m. Difícil mesmo foi ao rebelde Vítor ter que ir todos os dias letivos para a sala de estudo, das 6h às 7h horas, para recordar as lições já estudadas na tarde do dia anterior, mas isso antes do café da manhã. Depois do café e da recreação, das 8h às 11h, os alunos permaneciam nas classes para as aulas com pequenos intervalos entre uma e outra. Antes do almoço das 11h30m, havia ainda um momento de prece, com a recitação das ladainhas de Nossa Senhora e outras orações.

No período da tarde havia momentos de oração, como: Visita ao Santíssimo, às 13h; palestra do diretor, entre 18h e 18h30m, e a oração da noite, às 20h. Havia duas aulas, dedicando-se ainda mais uma hora de estudo e praticavam esporte, entre 16h e 17h horas.

Nas aulas de religião, nas palestras e colóquios confidenciais com os alunos, o diretor procurava apresentar-lhes o ideal de missionário redentorista. Os dias de retiro mensal e anual eram outras oportunidades utilizadas para despertar nos alunos uma escolha consciente do futuro. Por isso a vocação de missionário redentorista era apresentada com cores fortes e atraentes, e o Padre Vítor podia escrever no *Curriculum*: "O desejo de ser redentorista brotou aos poucos no meu coração".

É interessante observar que os educadores redentoristas alemães e, depois deles, também os brasileiros, antes da adoção da educação moderna, interessavam-se muito por uma educação artística e recreativa comunitária. Eles nunca se esqueciam de dar aos jovens a oportunidade de desenvolver seus dotes artísticos, especialmente os de comunicação. Serviam-se com este intuito das festas íntimas do Colégio, nas quais se exerciam os dotes dramáticos, poéticos e musicais.

Vítor, que possuía uma memória invejável, tinha facilidade em declamar longas e belas poesias, discursos inflamados. Estes eram feitos em latim, alemão, grego e francês, especialmente por ocasião da festa onomástica do padre diretor e do padre sócio; e não eram excluídas as festas cívicas. Havia ainda as festas lítero-musicais, celebradas em conjunto com a Associação da União Católica, frequentadas pelos jovens de Aparecida. Já despontavam nele os dotes de comunicador das multidões, dos quais fará uso como missionário nas santas missões e, especialmente, na Rádio Aparecida. De sua ascendência ouropretana dos Alves Moreira, herdou o dom musical, que o ajudou a ter parte importante no coral do Seminário, sob a batuta do Pe. Tiago Klinger, que animava missas, rezas e outros atos, tanto no Santuário, como no dia a dia do Colégio.

Possuía ainda dotes dramáticos: tinha muito jeito e gosto para os papéis cômicos e de humorista nas comédias representadas pelo Colégio. Participou da encenação de diversos dramas e comédias. Não sem uma ponta de ironia escreveu seu irmão José que ele, quando criança, não acompanhava palhaço de circo como Vítor o fazia: "Eu não acompanhei palhaço. Vitinho acompanhou, quando Dindinha veio para Conquista com as meninas e esteve largado, sozinho com papai. Parece que tenho inveja desse complemento de educação, que permitiu a ele (*Pe. Vítor*), mais tarde, identificar-se com o povo, quando missionário, saindo para as ruas, gritando e cantando como um palhaço da fé,[4] no meio das crianças, e sabendo usar a linguagem simples e direta, que todos compreendiam. Eu fui educado demais".

Marchas a pé e alpinismo estavam na mentalidade dos educadores alemães como um apoio de renúncia e sacrifício para se conseguir dominar o eu interior. Julgavam acertadamente que escalar a Mantiqueira com altitude de cerca de 1.700 metros fazia bem à saúde dos jovens, principalmente a seus pulmões, e criava energias físicas e de caráter. Escalar o alto da Mantiqueira, que, na região do bairro da Pedrinha também tem o nome de Campos do Jordão, era um esporte de todas as férias. Aqueles campos de capim ralo e baixo, com os declives cobertos com pinheiros e arbustos nativos, atravessados por córregos de águas límpidas, são próprios para renovar a vitalidade dos pulmões. A escalada era difícil e se prolongava por cerca de três horas, mas apesar disso esse passeio não era dispensado em tempo algum.

Nos contornos da Mantiqueira, atrás da casa de campo, existem dois lugares de alpinismo mais arrojado: a Pedrona e a Pedrinha. Diversas foram as tentativas para se escalarem essas duas grandes pedras, naquele tempo mais difícil, por causa da mata intensa que as circundava. A 16 de dezembro de 1912, enfim, os seminaristas conseguiram chegar ao topo da Pedro-

---

[4] A expressão "sair nas ruas como palhaço da fé" refere-se à sua atuação nas missões, quando Padre Vítor, após a missãozinha das crianças, saía com elas cantando e dando vivas, para atrair os adultos para a missão.

na. O cronista escreveu: "Enfim, depois de mais uma hora (além das 4 gastas para chegar até certa altura), chegamos ao alto; a vista que daí se descortinava era magnífica, viam-se todas as cidades, de Cruzeiro até Quiririm, e todo o vale, desde a Mantiqueira até a Serra Quebra Cangalha". E em 1914: "Durante o tempo que estivemos na Pedrinha fizemos bonitos passeios, porém os mais bonitos foram os de Campos do Jordão e da Pedra Grande (*Pedrona*). No alto da Pedra levantamos um grande cruzeiro".

E veja como é interessante a descrição da escalada realizada no dia 3 de maio de 1917: "Foi feriado. Fizemos um dos mais grandiosos passeios: saímos pelas 3h; o céu estava limpo e bordado de estrelas. Infelizmente a lua que era crescente já tinha desaparecido, mas por causa da grande multidão de estrelas podíamos enxergar bem o caminho; quando o sol começou a apontar no horizonte já entrávamos na mata. Tivemos que abrir nova picada porque a velha estava muito fechada; passando pela última aguada, paramos um pouco para beber. Depois de bebermos o café, continuamos a marcha até ao pé da Pedra, onde o Pe. Diretor perguntou se alguns queriam ficar. Olhamos uns para os outros como a interrogar se queríamos ficar. Ninguém quis. Então começou o caminho mais perigoso, passando por um grande precipício que ficava a nossa direita e daí em diante não houve mais nada de notável. Afinal, pelas 11h horas chegamos ao cimo da Pedra. Éramos 19 meninos, um padre e o Ir. André.

Lá em cima a alegria era geral, uns riam-se dos outros, o Vítor já estava com as calças em um estado miserável, ele parecia um palhaço. Levou a espingarda, mas não acertou nem um tiro: ora era que ninguém o ajudava a procurar a caça, ora que estava muito ruim, a verdade é que chegou a atirar até em uma folha seca. Lá em cima acendemos uma grande fogueira ao pé do Cruzeiro que fora partido por um raio".

Muitos fazendeiros convidavam os seminaristas para tomar garapa e ainda para um bom cafezinho. Era o contato com o mundo exterior naqueles tempos de educação fechada dos seminários. A fazenda do Sr. Barbosa era sempre frequentada: lá se faziam festas com discursos, cânticos e música ao piano, no que os seminaristas eram acompanhados pelas filhas do fazendeiro.

Outro passeio anual era para o Mosteiro dos Trapistas de Tremembé, cidade vizinha de Taubaté. Lá eles percorriam os departamentos daquela fazenda onde os monges plantavam arroz e ensinavam a plantá-lo no Vale do Paraíba. O prior sempre os recebia com carinho, nunca deixando de lhes oferecer o melhor de sua mesa e a hospedagem aconchegante do mosteiro.

No último ano, agosto de 1916 a julho de 1917, os seminaristas residiram na casa da Pedrinha, enquanto se construía o novo prédio do Santo Afonso. Em 1916, eles inauguraram a nova igreja do bairro, cuja planta foi riscada pelo Pe. Antônio de Lisboa Fischhaber e cuja construção foi levantada com a supervisão do Ir. André Speer. Cantaram missas, ofícios e outros atos litúrgicos naquela igreja, inclusive representando belos teatros.

Com este ritmo de estudo, oração e piedade, alpinismo e festas populares, o aluno Vítor Coelho de Almeida chegou ao final de seus anos de seminário. Foi amadurecendo para a vida religiosa, para a vocação de missionário redentorista. Seu aproveitamento foi bom, embora não tenha sido dos melhores, como ele mesmo anota no Curriculum: "No mais, passaram-se os 6 anos em vida ordinária de juvenista, deixando alguma coisa a desejar no comportamento e aplicação". Ele continuou com seu temperamento irrequieto, extrovertido e briguento, talvez por isso ele diz que alguma coisa faltou no comportamento. Mas, creio que faltou também na aplicação, pois seu Curriculum Vitae, que é uma peça oficial que todos os candidatos ao Noviciado deviam escrever, traz, além da letra imprecisa e feia, muitas correções e até alguns erros gramaticais de concordância, como na frase que já citei: "passaram-se seis anos de vida ordinária..." e que ele corrigiu erradamente para "passou-se 6 anos de vida ordinária..." e em outras passagens com imperfeições de redação como: "meios para o pôr em colégio não haviam... pois o pai só o não podia educar..."

Entretanto, depois de seis anos, Vítor era outro, embora conservasse seu gênio agressivo e briguento. Não era mais o menino insubordinado de Conquista e de Bangu.

4.2. O ano de Noviciado em Perdões, SP

Foi à sombra do Santuário do Bom Jesus dos Perdões que Vítor assumiu o compromisso solene de ser missionário da misericórdia do Bom Jesus para milhares de missionados nas missões que pregou, a milhares e milhões de radiouvintes da Rádio Aparecida e a um sem-número de peregrinos do Santuário de Aparecida. Em Perdões, ele colocou as bases espirituais para se tornar o missionário do Bom Jesus, "dos perdões divinos", isto é: da abundante misericórdia de Cristo Redentor.

A 23 de junho de 1917 os seminaristas regressaram da Pedrinha, a fim de prestarem exames finais nos dias 25 e 26 em Aparecida. Cada aluno foi sabatinado por 45 minutos. Entre eles estavam os dois concluintes do Seminário: Vítor Coelho de Almeida e Antônio Penteado de Oliveira. No início de julho terminava o ano escolar daquele tempo para dar coincidência com o ano escolar da Alemanha, que iniciava em setembro, para onde nossos alunos eram enviados para o estudo da Filosofia e Teologia.

Realizaram na Pedrinha a despedida dos colegas, que também se tornaram redentoristas: Antônio Ferreira de Macedo, Daniel Marti, Alexandre Miné e Artur Bonotti. Juntos fizeram a última excursão para os Campos do Jordão, lugar preferido pelos seminaristas para fazer a despedida do Seminário. Como diz a crônica, a alegria foi imensa, provocada por muito sol, frio intenso e pelos regatos congelados do alto da montanha. Tudo era motivo para maior alegria para aqueles jovens, que traziam no coração o ardor do ideal da Copiosa Redenção dos mais abandonados. Todos eles foram grandes missionários, superiores e um deles construiu a Basílica Nova para a Senhora Aparecida, Dom Antônio Ferreira de Macedo. Entretanto, mais que todos, tinha o dom da palavra o Padre Vítor.

A 13 de julho de 1917, Vítor e Oliveira partem de Aparecida, chegando a Perdões, pequena cidade colocada ao pé dos montes graníticos da Serra de Bragança, SP. Chegavam junto ao Santuário do Bom Jesus dos Perdões.

Aquela cidade/santuário era muito tranquila e no dizer da crônica, muito própria para Noviciado: "A casa de Perdões corresponde otimamente à finalidade do Noviciado porque é um lugar solitário e a região é muito bonita, e o clima é ótimo para a saúde". Tal tranquilidade só era quebrada por ocasião da novena e da festa de 6 de agosto, quando uma multidão de peregrinos enchia a cidade, e camelôs, procedentes de toda parte, anunciavam, com alvoroço, todo tipo de bugiganga.

Naquele clima espiritual e puro, Vítor iniciou o retiro de 15 dias em preparação para a tomada de hábito, que se realizaria no dia 1º de agosto pelas mãos daquele que o havia recebido no juvenato e que o havia ajudado a vencer as tentações e o desânimo no seguimento de Cristo. Foi junto do Bom Jesus dos Perdões, onde tantos homens e mulheres encontravam a paz que nasce do perdão, que ele se colocou humildemente para perscrutar a vontade de Deus a seu respeito. Exercitando-se em todas as virtudes, especialmente na fé e confiança na misericórdia de Deus, ele lapidou sua personalidade redentorista, ele foi construindo o edifício espiritual das virtudes apostólicas no seguimento de Cristo. Foi nas horas de meditação e reflexão que soava a voz de Cristo: "Vem e segue-me, farei de ti um anunciador da minha misericórdia". Considerando-se ele mesmo filho da misericórdia de Deus, procurou adquirir as virtudes que Santo Afonso exigia de seus discípulos: fé, confiança e amor a Jesus Cristo, unidas a uma grande confiança no patrocínio de Maria.

Ano abençoado aquele passado junto do Bom Jesus dos Perdões, entre 1º de agosto de 1917, quando recebeu o hábito redentorista, e 2 de agosto de 1918, festa de nosso santo fundador, Sto. Afonso Maria de Ligório, quando professou na Congregação! Foram 365 dias dedicados a Deus no estudo da própria vocação e das regras e constituições da Congregação do Santíssimo Redentor, na qual ele desejava professar para ser missionário do povo. A 1º de agosto de 1917, ele foi revestido da batina preta com colarinho branco e com um rosário pendente do cinto, recebendo o nome de Fráter Coelho. Seu perfil era verdadeiramente imponente: alto, moreno, rosto levemente inclinado para a direita, mãos juntas na cintura, de batina preta e barrete.[5]

Houve festa naquele dia: ao almoço, pais e irmãos dos noviços foram admitidos à mesa, e a comunidade se alegrou com os dois jovens que começavam a conviver com ela. Pe. Carlos Hildenbrand, homem de bela aparência, mas de formação rígida e exigente, iria ser o mestre espiritual dos fráteres Vítor e Oliveira. Seu dever era encaminhar aqueles jovens no seguimento de Cristo Redentor. Para esse fim, o mestre lhes faria uma conferência diária, além de reflexões e diálogos constantes. O importante era conhecer os noviços, ajudando-os a abraçar o ideal proposto: ser missionário redentorista. À Congregação interessava conhecê-los e a eles conhecer a Congregação na qual desejavam viver.

O regime seguido era o do afastamento do mundo, à moda dos monges que se retiravam para o deserto, a fim de mais facilmente discernir a vontade de Deus, conhecer a si próprios e entrar na contemplação de Deus. Predominava o ambiente de silêncio e de oração. Já às 4:30 horas deviam deixar o leito e, por meia hora, dedicar-se à meditação na capela junto com a comunidade. Depois de meia hora de leitura das Regras dos Noviços, tomava-se o café com cerca de uma hora de trabalhos manuais no quintal ou de simples contato com

---

[5] Fiz essa descrição diante de uma foto sua da época.

a natureza, tudo em silêncio, naturalmente. Até às 11h30m o tempo alternava-se na recitação das horas canônicas – hoje Liturgia das Horas – palestra do mestre, capítulo das faltas, leitura em particular, exame de consciência, com a recitação das ladainhas e o almoço. Durante a refeição havia leitura de assuntos interessantes e próprios para o tempo e se faziam também as penitências. Estas consistiam em beijar os pés dos confrades, comer assentado no chão, misturar ervas amargas no alimento, abster-se de tomar cerveja.

O período da tarde era dedicado igualmente à prece litúrgica das vésperas e completas, da meditação individual na própria cela e da leitura espiritual. Mas antes todos faziam na capela a visita ao Santíssimo Sacramento. O espaço entre 16h e 17h horas era dedicado ao trabalho manual, geralmente no quintal. Nas tardes de quinta e domingo, os noviços saíam com o mestre a percorrer os caminhos desertos entre os montes e descampados da região. O silêncio só era interrompido durante as refeições de quinta-feira, considerado o dia de folga, e na recreação após o almoço e o jantar. Todas as sextas-feiras eram de silêncio absoluto; eram dias de retiro.

Nesse ambiente de oração e de silêncio, os noviços podiam mais facilmente ouvir a voz do Mestre e seguir seu apelo. E este apelo foi aceito pelos dois noviços Coelho e Oliveira, no dia 2 de agosto de 1918, quando ambos emitiram os votos religiosos na Congregação. Era um dia bonito em Perdões e os primeiros romeiros começavam a chegar àquela cidade/santuário para a festa do Bom Jesus. Entre os peregrinos encontravam-se o professor Leão e a professora-catequista Mariinha, vindos do Triângulo Mineiro, onde residiam. A igreja estava repleta e adornada. Durante a missa das 9h horas, o superior vice-provincial, Pe. João Batista Kiermeier, recebe os votos do Fr. Vítor e Fr. Oliveira. Ambos se propunham seguir os passos de Cristo Redentor e foram fiéis. Fr. Vítor Coelho de Almeida jurou e prometeu ser outro Cristo no anúncio da salvação ao povo e foi fiel a essa missão. Nunca duvidou, nunca vacilou; ao contrário procurou santificar-se cada vez mais à medida que passavam os 69 anos de sua vida de missionário redentorista.

4.3. Formação filosófica e teológica

Emitidos os votos temporários, isto é: por três anos, Fr. Vítor voltou para Aparecida, no dia 4 de agosto de 1918, já como redentorista, onde no dia 4 de abril de 1911 ele havia encontrado o verdadeiro caminho a seguir. Devia agora dedicar-se aos estudos superiores eclesiásticos, a fim de se preparar imediatamente para o sacerdócio.

Na época, nossos clérigos faziam os estudos superiores de Filosofia e Teologia na Alemanha, mas, desde 1915, não podendo viajar por causa da guerra, permaneceram em Aparecida. Assumiu novamente a orientação do Estudantado – esse é o nome do período dos estudos superiores – como mestre e diretor, o Pe. Lourenço Hubbauer, que já conduzira os primeiros clérigos em 1907 e 1908, antes de eles irem para a Alemanha. Em 1918, sucedeu-o no cargo o Pe. Roberto Hansmair.

Dois estudantes já estavam fazendo o curso de Filosofia desde 1916: fráteres Miguel Poce e Antônio Pinto de Andrade, aos quais se juntaram, em agosto de 1918, os fráteres Vítor Coelho de Almeida e Antônio Penteado de Oliveira. Eram seus professores os padres Lourenço Hubbauer, Oto M. Böhm e Roberto Hansmair, todos da melhor estirpe de redentoristas bávaros, fundadores de nossa Província de São Paulo. Eles souberam imprimir nessa equipe o verdadeiro espírito de Santo Afonso, sempre preocupado com a salvação dos mais abandonados.

Poucas são as notícias deste período de 5 anos (1916 a 1920), durante o qual o nosso Estudantado funcionou na casa de Aparecida, pois não deixaram livro de crônica. Pe. Vítor estudou aqui de agosto de 1918 a janeiro de 1920, as matérias Filosofia especulativa e ética, História da Filosofia e da Igreja e línguas grega e hebraica. Suas notas não foram de um astro: foi bem na Ética e na História da Filosofia, obtendo nota medíocre na Filosofia especulativa, na História Eclesiástica e na língua hebraica.

Na Alemanha, quando viajaram, em janeiro de 1920, seu desempenho foi muito melhor, pois sua nota para a Filosofia foi "optime" (= ótima) e "bene" (= boa), na História da Igreja. Em compensação suas notas no estudo da Teologia, da Moral e Exegese foram muito bem, com o "optime" em todas essas matérias. Seus professores eram sumidades na Teologia Dogmática e na Exegese, tais como: Pe. Georg Brandhuber para o Novo Testamento e Pe. Franz Schaumberger perito no Antigo Testamento. Este lia os hieróglifos egípcios com a facilidade que lemos as letras latinas... Com toda a certeza vem daí e daquele tempo seu grande amor e gosto pelo estudo da Bíblia Sagrada.

Em Aparecida, Vítor participou de dois eventos que o ajudaram no prosseguimento de sua vocação: o jubileu de ouro do fundador da Missão, Pe. Wiggermann, em 1918, e o jubileu de prata da fundação da Missão, em 1919.

No Estudantado de Gars am Inn – Fr. Vítor e seus colegas Frs. Poce, Andrade, Oliveira viajaram para a Alemanha, a 19 de janeiro de 1920, em companhia do Pe. Antônio de Lisboa Fischhaber. Iam com muita alegria, pois todos queriam sentir o ambiente daquele convento de onde havia partido a primeira equipe de missionários, no longínquo 24 de setembro de 1894.

Após um mês de viagem marítima, eles chegaram ao Estudantado de Gars, no Estado da Baviera, a 23 de fevereiro de 1920. O número de estudantes estava desfalcado, pois diversos deles haviam caído no campo de guerra na França; somados alemães e brasileiros o Estudantado contava somente com 15 alunos.

O Estudantado de Gars está localizado entre as cidades de Mühldorf e Wasserburgo, num terraço elevado da margem esquerda do rio Eno (Inn). O grande conjunto da casa pertencia aos monges agostinianos. Em 1858, a parte maior, à esquerda da igreja, foi adquirida pela Congregação e utilizada como moradia de missionários, casa provincial e de estudos. Atualmente, o prédio é formado por três quadriláteros justapostos, ligados por três alas. O conjunto é enorme, e algumas partes à direita da igreja são ocupadas por famílias da vila.

O ambiente da casa é acolhedor, as celas confortáveis, os corredores silenciosos e convidativos à meditação. Quem por eles passa é forçado a voltar para trás no tempo – alta idade-média – e contemplar ascéticos monges a cantar os louvores a Deus nas primeiras horas da madrugada e, com sua oração e trabalho diurnos, ensinar o povo a rezar e cultivar o solo. Foi ali que o nosso Vítor viveu a vida religiosa redentorista com os atos comunitários de meditação, oração do Breviário, conferências, retiros e a santa missa diária. Toda quinta-feira, era dia de folga, havendo possibilidade para esportes e passeios. Uma vez por mês um dos domingos era passado em silêncio absoluto, além do silêncio dos 10 dias anuais de retiro.

A vila que o cerca passou pelas mesmas contingências e hoje é uma bela e acolhedora cidadezinha. Seus habitantes são legítimos agricultores bávaros, muito apegados a suas tradições religiosas. A região é belíssima, de ótimo clima e cortada por córregos de águas cristalinas, que vão desaguar no rio Eno, que serpeia junto do terraço. Região essencialmente agrícola, onde se produz de tudo. Seus campos e colinas se parecem com jardins primorosamente cuidados, entremeados de bosques de pinheiros, que dão um requinte de beleza agreste à paisagem. É repousante. O horizonte é amplo e irradiante, vendo-se lá ao longe os altos picos dos Alpes, que faziam o encanto das férias de verão de nossos estudantes brasileiros.

Foi nesse convento que o Fr. Coelho morou pelo espaço de quase cinco anos (1920-1924), completando sua formação superior até ser ordenado padre. Concluindo o curso de Filosofia, sem muito brilho como vimos, ele iniciou o de Teologia, após as férias de verão, em setembro de 1920. Naquele primeiro semestre, a vida em Gars não foi nada fácil: gente nova, novos costumes, língua estranha e professores mais preparados e também muito mais exigentes. Mas Vítor reagiu bem, já dominando a língua alemã e, assimilando a disciplina germânica de estudo programado, melhorou seu desempenho, e a avaliação ficou sintetizada no seu boletim como ótima, expressa na expressão latina "optime". O aproveitamento melhorou muito, assim como as notas. Mas, e a saúde?

Seu primeiro ano de Teologia (1921) foi concluído sem novidade alguma. Fr. Coelho, que era cronista da colônia brasileira de Gars na época, escreveu em estilo coelhano próprio, e com rabiscos disformes, a 20 de julho de 1921, final do ano letivo: "Foram hoje os exames e passaram sem novidade. Férias..." Descreve em seguida alguns dias de férias passados junto dos belíssimos Alpes, em Reit in Winkel, junto dos parentes do Padre Estêvão Maria, que na época passava uma temporada com seus parentes.

O segundo ano de Teologia (setembro de 1921 – julho de 1922) foi um ano de grande prova para ele, pois logo depois de sua profissão perpétua, realizada a 9 de setembro de 1921, ele cai de cama com pneumonia que se degenerou em tuberculose de primeiro grau. Não foi apenas uma coincidência que sua profissão perpétua – compromisso no seguimento de Cristo Redentor – tenha sido seguida do primeiro ataque da grave doença da tuberculose, que mais tarde interromperá sua carreira missionária. Certamente, os sacrifícios que se impunha, a aplicação nos estudos da Teologia, Exegese e da Moral, nos quais obteve notáveis sucessos, e por que não a penúria pela qual os alemães passavam após a Grande Guerra, contribuíram para enfraquecer sua saúde.

Os superiores, entretanto, mostraram muita preocupação com sua saúde, submetendo-o a tratamento médico e repouso. O Superior Vice-Provincial, Pe. João Batista Kiermeier, que o havia aceito no Colégio de Santo Afonso e recebido seus primeiros votos em 1918, recomendava ao superior da casa de Gars todo o cuidado com sua saúde. Escrevia-lhe a 22 de novembro de 1921: "A respeito do tratamento do Fráter Coelho, desejamos que nada venha a faltar, e, quanto às despesas, o Pe. Schmutzer anote tudo e nos comunique. Naturalmente, deixamos a seu critério decidir se esse tratamento deve ser feito em Gars ou Hausstein ou em outro lugar. Quanto aos estudos, veja que só sejam interrompidos se realmente a recuperação de sua saúde e de suas forças assim o exigir. Para mim não foi surpresa que o Coelho tivesse essa crise em sua saúde, uma vez que teve um crescimento muito rápido e irregular. Seja feita a vontade de Deus. Também sua mãe teve morte prematura". E acrescenta: "Temos aqui no Brasil um remédio muito bom e de grande utilidade, principalmente nas primeiras fases da doença e que se chama Emulsão de Scott, feito de fígado de bacalhau. É um ótimo fortificante, mas é necessário tomar ao menos seis vidros. Quando eu era diretor do juvenato pude verificar pessoalmente o seu excelente resultado".

Cuidados médicos e repouso não tornaram, como se temia, fatal a doença. Em outubro daquele ano de 1921, sendo ele mesmo o cronista, anotou: "Fr. Coelho voltou aos estudos depois de um mês de doença; aparentemente está restabelecido, mas se vê coagido a perder muito tempo com o sono, etc.". Seus estudos não ficaram prejudicados. Pelo contrário, pôde dedicar-se com amor e interesse ao estudo da Teologia conforme a nova visão cristocêntrica. Nunca na sua vida de missionário e de radialista deixou de lado o estudo da Teologia. No estudo da Bíblia acompanhou as preleções do célebre e abalizado biblista Franz Schaumberger, que soube incutir-lhe gosto e entusiasmo no estudo da Palavra de Deus, que Vítor nunca mais abandonou.

Superada a crise de saúde, acompanhemos nosso biografado na vida de estudante na Baviera. Antes de tudo, anotamos que, dos 15 alunos de 1920, o Estudantado passou para 30 em 1923. Por aí se vê como a guerra foi um mal, sofrendo também a Congregação, não só porque perdeu alguns teólogos e muitos irmãos leigos, que tombaram no campo de batalha, mas também porque diminuiu em muito o número de estudantes.

E a vida religiosa redentorista continuou intensa naqueles tempos de observância rígida, como também, se assim podemos dizer, a vida social dos clérigos: passeios, festas, alpinismo e jogos. Coelho estranha que lá não se faziam as devoções ao S. Coração a que estava acostumado no Brasil. Nesse período, no qual ele foi o cronista, volta e meia dizia que os brasileiros cantavam cânticos a Nossa Senhora Aparecida, como: Virgem Mãe Aparecida e outros. No dia da ordenação cantaram-no tão bem e piedosamente que o próprio Cardeal Michael Faulhaber aplaudiu, dizendo: "Mui bien".

Os melhores passeios foram: à cidade de Erl, onde assistiram à encenação da Paixão de Cristo, e novamente a Reit in Winkl. Escalaram ainda o pico de Bünnstein, onde cantaram o "Virgem Mãe Aparecida".

No último ano de Teologia – setembro de 1923 a julho de 1924 – Fráter Vítor fez o ano de pastoral e procurou assimilar para a vida prática a visão cristocêntrica da nova Teológica que os professores lhe apresentaram. Assistamos, a seguir, à bela festa de sua ordenação sacerdotal.

5

Sacerdote pelas mãos do Cardeal Faulhaber

A 21 de julho de 1923, Fráter Vítor concluía o terceiro ano de Teologia. Apesar do contratempo da doença, ele conseguira bom nível de aproveitamento nos estudos teológicos. Seus professores e superiores aprovaram sua ordenação sacerdotal para o mês de agosto daquele mesmo ano.

Padre Vítor conservou os diplomas das três fases de suas ordenações, recebidas pela imposição das mãos do Cardeal--Arcebispo de Munique, Dom Michael Faulhaber, na igreja paroquial de Gars, que é a mesma do antigo mosteiro agostiniano e do convento redentorista. A tonsura foi-lhe conferida a 29 de abril de 1921 e, nos dias subsequentes, 30 e 1º de maio, as quatro ordens menores: ostiariato, leitorado, exorcistado e acolitato. O diploma do subdiaconato e diaconato, ordens conferidas também pelo Cardeal-Arcebispo Faulhaber, recebeu respectivamente nos dias 17 e 18 do mês de março de 1923. Aquele dia 18, foi o domingo da Paixão, coincidência não desprezível, pois foi na reflexão da Paixão de Cristo que ele, como evangelizador carismático, purificou-se por longos anos no Sanatório de Campos do Jordão, adquirindo as virtudes próprias de um anunciador da Palavra de Deus: zelo ardente, fé profunda e confiança ilimitada no Senhor.

Por fim chegou o dia mais feliz para ele: o dia da unção sacerdotal com o mandato para anunciar a palavra de Deus, "ide pregai o evangelho"... e para a celebração do mistério da morte e ressurreição, "fazei isto em minha memória"... O Vitinho, que entrara no Colégio de Santo Afonso com 11 anos, em 1911, sem vontade de ser padre, está agora com seus 24 anos de idade e amadurecido na sua decisão de ser sacerdote, missionário redentorista santo. Depois dos primeiros votos religiosos, emitidos em 1918, nunca mais vacilou na sua vocação e soube superar as tentações próprias da juventude com a graça de Deus e a intercessão de Maria de Nazaré, que ele gostava tanto de invocar como Nossa Senhora da Conceição Aparecida.

Estava decidido: "Serei sacerdote do Senhor para evangelizar as famílias, para dar às crianças a catequese de que necessitam, a fim de que possam crescer com boa orientação cristã". Louvava e exaltava a misericórdia do Senhor, que tinha sido tão bom para com ele. Em 1983, sentindo aproximar-se o fim, dizia cheio de unção, fé e confiança em Deus: "Penso que sou filho da misericórdia de Deus. Deus me escolheu para me tirar, como diz a Bíblia, do lodo, lá embaixo, e me colocar lá em cima. Como Davi que foi tirado do pastoreio do gado para se tornar rei".

Vítor queria ser sacerdote para conquistar as pessoas para Cristo; instruir as crianças, orientar os pais, converter os pecadores, ser missionário redentorista, dedicando sua vida toda aos mais pobres e abandonados. Toda penúria religiosa que sentiu e sofreu na infância foi para ele força e incentivo para instruir e evangelizar; seguir os passos de Cristo Redentor no anúncio do mistério da salvação, especialmente, aos mais pobres e abandonados.

Preparado espiritual e intelectualmente, com o coração agradecido, Vítor alegra-se ao se aproximar o dia 5 de agosto, o grande dia de sua vida. Quando o Cardeal lhe impõe as mãos, ele sente a força do Espírito Santo que unge seu coração e solta sua língua, à semelhança do profeta Isaías, para anunciar Cristo, ao povo. Suas mãos foram ungidas e o livro dos evangelhos lhe foi apresentado. Sempre acreditou no sacerdócio de Cristo, do qual tornou-se participante; Vítor sempre foi um sacerdote que respeitou a unção sacerdotal que recebeu naquele feliz dia 5 de agosto de 1923. Todas as suas ações, toda a sua vida será conduzida por essa fé e esse respeito.

Tudo aconteceu na bela e multicentenária igreja barroca de Gars no dia 5 de agosto. Às 8h, entra solenemente o Sr. Cardeal-Arcebispo, revestido com os paramentos sacros. Superiores, paraninfos e ordinandos seguem S. Emcia. No presbitério prostram-se os diáconos Coelho, Oliveira e Neff. Os fiéis, que lotam a igreja, cantam as ladainhas. Seus companheiros de seminário cercam o altar, alguns deles trazendo as marcas cruéis da Guerra Mundial de 1914.

A Palavra de Deus é proclamada. Os ordinandos são interrogados. Respondem decididamente que desejam ser ordenados e o povo os aprova e aplaude para que se dediquem ao serviço do altar para benefício de todos. Ninguém objeta, ninguém duvida... O Sr. Cardeal levanta-se e impõe suas mãos aos três ordinandos e unge com óleo santo suas mãos. Neff, Oliveira e Vítor são sacerdotes para sempre!...

A missa de ordenação terminou às 10h30m. Às 11h foi encenado no auditório do Estudantado o "Auto Sacramental", peça do escritor e dramaturgo espanhol, Pedro Calderón de la Barca. Povo, padres, clérigos e Cardeal aplaudem o acerto da encenação, a arte dos personagens, a mensagem eucarística apreciada por todos. Mensagem que o Padre Vítor viverá e anunciará ao povo durante 64 anos (1923-1987) de sua vida de sacerdote.

Na Baviera católica, as primícias – a primeira missa de um padre novo – eram muito apreciadas e participadas. Os bávaros tinham verdadeira devoção pelas primícias sacerdotais. Gente do povo havia que não temia andar quilômetros e quilômetros para participar de uma delas e beijar as mãos do padre novo. Tanto era o respeito que as famílias dedicavam ao padre novo.

Longe da família e da pátria, Padre Vítor foi alvo de carinho e respeito da pequena cidade de Forchheim, onde ele, a 12 de agosto de 1923, celebrou sua primeira missa solene. Uma família logo se apresentou para fazer as vezes da sua que estava ausente e distante.

Vejamos como o cronista brasileiro do Estudantado viu e descreveu a festa da missa nova do Padre Vítor:

"Belas e festivas foram as primícias do Padre Coelho em Forchheim. Era a primeira vez que um padre redentorista lá celebrava suas primícias. Houve muita concorrência de povo. Veio gente de longas distâncias para participar da missa e comungar das mãos do Padre Vítor.

Às 7h30m começou a missa. Era presbítero assistente o próprio Superior Provincial da Baviera, Pe. Paulo Gottfried;

serviam como diáconos os padres Schump e Linsmaier. O pregador foi o Pe. Afonso Zartmann, que, com suas palavras simples e entusiastas, arrancou lágrimas de vários padres e de muitas pessoas. Após a missa, o primiciante, depois de dar três vezes sua bênção às pessoas, voltou em procissão novamente para o convento, onde durante todo o dia recebeu inúmeras visitas, que lhe traziam muitos presentes.

O convento e a igreja estavam bem enfeitados, especialmente o altar-mor, todo cheio de flores brancas. Estava surpreendente. No cortejo que levou o Padre Vítor para a igreja estiveram presentes muitas meninas, todas vestidas de branco, e uma delas levando numa pequena almofada a patena. Era encantador".

Como era costume na Baviera, o padre novo ia cingido com uma coroa de flores brancas na cabeça, à moda de grinalda. Padre Vítor gostava de lembrar que foi cercado naquele dia pelo carinho das crianças e pelo afeto e admiração das famílias daquela pequena e bela cidade de Forchheim. Toda a população estava presente para homenagear o padre novo brasileiro.

Vimos acima, como as famílias, como que tomando o lugar da sua, vinham durante o dia todo para lhe dar os parabéns e presentes, beijar suas mãos ungidas e abraçá-lo como filho. Isso comoveu o Padre Vítor, que se lembrava de sua falecida mãe, de seu pai e irmãos distantes.

"Ao almoço, escreveu ainda o cronista, foram proferidos diversos discursos, sendo muito aplaudido o do Padre Afonso", que, de passagem pela Alemanha para visitar seus parentes, soube unir os sentimentos de brasileiros e alemães para decantar a importância do sacerdote no meio do povo.

Como desfecho da manifestação prestada ao Padre Vítor, os clérigos brasileiros entoaram o cântico "Virgem Mãe Aparecida", o mesmo canto que arrancou aplausos entusiastas, "parabéns, muito bem", do Cardeal-Arcebispo Michael Faulhaber, quando foi entoado ao final do almoço da ordenação no dia 5 de agosto, em Gars.

6

A volta e o reencontro com a família

Concluídos os estudos e tendo sido ordenado sacerdote em 1924, Padre Vítor retorna para o Brasil a 11 de setembro daquele ano. Seus colegas brasileiros e alemães lhe fizeram uma belíssima festa de despedida, que, no dizer do cronista, foi a mais bela dentre todas as já havidas para a despedida de um brasileiro.

Despedida de Gars – Tudo aconteceu no dia 10 de setembro, quando toda a comunidade estava reunida no grande refeitório da casa para a ceia. Canções e poesias montaram o programa daquela noite de despedida. Os colegas brasileiros executaram ainda um cântico cômico, composto pelo Fr. Antônio F. de Macedo.

"O ponto alto, anotou o cronista, foi um belo discurso do então Superior Provincial, Pe. Paulo Gottfried, que discorreu sobre o espírito de colaboração e amizade entre a Província bávara e a Vice-Província brasileira; das amistosas relações que devem existir entre ambas. Com palavras amigas procurou incutir nos estudantes, quer alemães, quer brasileiros, o espírito missionário de Santo Afonso e a fidelidade à vocação redentorista".[6]

No final da ceia, foi entregue ao Padre Coelho, um troféu da despedida, que consistia numa chupeta. O Fráter Daniel Marti entrou no refeitório "trazendo solenemente uma bela almofada, tendo no centro uma pequena chupeta presa por uma fita, como se costuma fazer com os distintivos militares. Depois de um curto, mas espirituoso discurso, entregou a chupeta ao R. P. Coelho, como merecida 'condecoração de sua eterna juventude'. Era uma alusão ao gênio juvenil e alegre que o Padre Coelho sempre conserva".

Depois de haver colocado cuidadosamente no peito a condecoração, Padre Coelho levantou-se e com palavras bem acertadas e espirituosas agradeceu as manifestações de amizade que lhe tinham sido dirigidas. Quanto à chupeta, disse que não agradecia, pois julgava que a havia merecido.

Realmente esse troféu falava alguma coisa do temperamento e do ser do Padre Vítor (simples e infantil em muitos atos e reações suas, ele conservará sempre esse modo de ser, que, às vezes, causará mal-entendidos). Com vivas, saudações e brindes, ao som da tradicional saudação alemã: "Er lebe hoch! Er lebe hoch...", terminou aquela original despedida de Gars, da casa que o acolheu por quatro anos.

No dia seguinte, pela manhã, todos o acompanharam até a pequena estação de Gars, para apanhar o trem que o conduziria até Rosenheim, e de lá rumo ao porto de Bremen, onde

---

[6] Doc. n. 48, p. 83.

apanharia o navio no dia 20. Na estação, o último cântico "Viva a Mãe de Deus e nossa"..., que comoveu o coração do futuro grande propagador da devoção a Maria.

Na Comunidade de Aparecida – Depois de um mês e três dias de viagem marítima e terrestre – 11 de setembro a 15 de outubro – padre Coelho chega a Aparecida. Seu colega, Pe. Oliveira, que, na aparência era mais sadio, foi retido alguns meses ainda na Alemanha, por motivo de saúde. Padre Andrade registrou sua chegada na crônica da casa com estas palavras carinhosas, e até com uma profecia quanto à sua longevidade e apostolado: "Depois de muito ser esperado, chegou o nosso saudoso R. P. Vítor Coelho de Almeida, que completara neste ano os seus estudos na Alemanha. Pe. Coelho, que nos últimos anos se achava doente, parece mais forte e sem alguma extravagância sua poderá viver muito e prestar grandes serviços à Congregação".[7]

Essa "profecia" do padre Andrade, seu companheiro de missões e seu superior em Aparecida, quando padre Vítor, em 1948, introduziu a "Missão Contínua" no Santuário, se cumprirá à risca, pois ele chegará aos 87 anos com uma grande folha de serviço prestado à Congregação e à Igreja.

Com a família em Conquista – Depois da permanência de quase um mês entre seus confrades da comunidade de

---
[7] Doc. n. 03. p. 67/68. Pe. Andrade diz ainda que ele adotou o nome de Vítor Alves Coelho para que não houvesse confusão de nome com seu infeliz primo Cônego Victor Coelho de Almeida que deixara o sacerdócio e se tornara pastor protestante.

Aparecida, padre Vítor viaja para a cidade de Conquista, onde celebrará a primeira missa para seus parentes e povo de sua terra. A visita seria rápida, como anotou o Padre Andrade, de no máximo três dias. Lá esperavam-no ansiosos o pai Leão, a irmã Mariinha e seus parentes do lado materno. Soror Maria do Divino Menino (sua irmã Veriana) não podia estar presente, pois fazia seu ano de Noviciado. Do José, não se tem notícia; mas não estaria presente com muito gosto, pois conservava muita mágoa do tempo do seminário e muito pouca fé, depois que se formara em advocacia.

Apesar do tempo exíguo e da rigidez da disciplina daquele tempo, a alegria do encontro de Vítor com seus familiares foi profunda e comovente. Os tempos eram outros: o pai lecionava, Mariinha também, ambos viviam uma vida de piedade. A chegada do filho padre significava para o velho Leão uma nova etapa em sua vida. Dissabores e angústias antigas se dissiparam diante do filho padre. Ele não se esquecia que a vocação do filho foi uma graça especial de Nossa Senhora Aparecida que ele invocara. Enternecido beija-lhe as mãos ungidas e o aperta contra seu coração de pai. Grossas lágrimas caem de seus olhos, embaçados pela emoção. Aquele encontro, aquela missa, aquelas palavras de bênção do filho padre confirmaram e aceleraram ainda mais a aproximação do velho Leão da Igreja. Sua vontade firma-se sempre mais nos princípios da fé que abandonara nos tempos de estudante em Paris, fé que começa a iluminar sua vida. Seu coração naturalmente bom transforma-se, e o amor a Deus e ao próximo penetra mais fundo no seu modo de ver, pensar e agir. "Meu pai Leão, dirá mais tarde padre Vítor, era um homem muito caridoso, gostava das crianças, visitava e consolava os doentes, sobretudo um leproso que ele amparava e consolava."

Sua primeira missa em Conquista teve muita participação de povo, foi muito solene. Outros eram os tempos. A comunidade paroquial daquela cidade já vivia a era da Renovação Católica; o cristianismo de grande parte das famílias não consistia apenas em participar de procissões e dos folguedos da festa do padroeiro, como era costume e vivência no tempo do império. A participação da missa aos domingos, a confissão e comunhão pascal, a piedade das irmandades e as instruções religiosas davam outro sentido à fé do povo e também dos parentes do padre Vítor.

Contemplando as crianças da catequese, das associações infantis, como: Cruzada Eucarística, Liga de São Tarcísio; as moças da Pia União das Filhas de Maria, os moços e homens da Congregação Mariana, as senhoras do Apostolado da Oração, que estavam presentes à sua festa, ele sente a diferença de seu tempo de criança. Ele sente despertar sua vocação de evangelizador das massas. Ele percebe que Deus lhe deu a unção no falar e no transmitir a doutrina do Evangelho. Está consciente que o "moleque de Conquista" voltou agora como sacerdote do Senhor para "conquistar para Cristo" todos que tenham um coração contrito e confiante na misericórdia de Deus. Ao terminar a celebração e abençoar o povo ele sente-se realizado como mensageiro de Cristo. Volta para a cidade/santuário de Aparecida, onde reencontrou, no longínquo ano de 1911, o caminho de sua vida religiosa para iniciar sua missão de Apóstolo de Cristo.

7

Catequista na igreja de Santa Cruz

Antes de tratar das atividades pastorais do padre Vítor, desejo apresentar seu primeiro trabalho pastoral: a catequese das crianças. Coincidência ou não, o dedo de Deus está presente para lhe dar a oportunidade de orientar as crianças exatamente naquele ponto que mais o prejudicou: a falta de orientação religiosa na primeira infância.

Hoje, nossos padres jovens têm mais facilidade de iniciar suas atividades pastorais pelo fato de terem um bom tempo de estágio para isso. Naquele tempo de educação fechada dos seminários, o redentorista recém-ordenado era enviado como auxiliar em nossas paróquias ou igrejas conventuais. Ali, durante os cinco primeiros anos – estado de padre júnior –, ele devia dedicar-se aos estudos e à pastoral: catequese das crianças, atendimento aos doentes, orientação das irmandades etc.

Padre Vítor, assim que chegou a Aparecida, na manhã do dia 15 de outubro de 1924, foi adscrito à comunidade da paróquia/santuário de Aparecida, onde permaneceu até o ano de 1926. Seu trabalho principal foi a direção do catecismo. Convém lembrar que Aparecida primou na organização da catequese, desde 1905. Em 1907, ela foi apontada na revista catequética "União", da Arquidiocese do Rio de Janeiro, como modelo de catequese. Era Diretor da Catequese da Arquidiocese, naquela época, o Cônego Victor Coelho de Almeida, primo do nosso padre Vítor. Em 1925, organizou a comunhão geral das crianças, e a primeira comunhão de um bom grupo de crianças, no domingo após a Páscoa. No final do ano, havia a grande festa do Catecismo, além de outras atrações para as crianças. Essa festa com leilão de prendas, que eram adquiridas com os pontos de frequência, foi um dos incentivos para despertar o interesse das crianças.

Sua permanência em Aparecida foi breve, pois em meados de 1926 ele já se encontrava na comunidade redentorista de Araraquara. Aquela comunidade de Araraquara, cidade situada no oeste paulista, foi fundada em setembro de 1920, para ser um ponto avançado das Santas Missões. Foi sempre uma casa missionária com o trabalho principal das missões. Dom José Homem de Mello entregou à comunidade o cuidado da igreja de Santa Cruz, onde os nossos missionários acolhiam o povo para as missas e especialmente para o atendimento das confissões e aconselhamento. Para auxiliar o pároco a comunidade assumiu, além da catequese na igreja, a organização da catequese na maior parte da paróquia.

Na igreja de Santa Cruz, padre Vítor se dedicou à catequese das crianças e dos jovens com muito sucesso. Recebendo a herança de 32 anos de experiência de catequese deixada pelos redentoristas bávaros. Estes quando chegaram a Aparecida, em 1894, perceberam logo que adultos e crianças desconheciam as verdades da fé. Como trabalho prioritário implantaram a catequese em nossas paróquias e igrejas conventuais. Catequistas leigos – homens e mulheres – foram convocados; as crianças eram incentivadas e premiadas; instituíram-se a solene primeira comunhão das crianças e a festa do catecismo. Além da vivência da fé, criou-se um ambiente de mútua amizade entre as crianças, catequistas e padres-catequistas. Horas de lazer, jogos e passeios completavam a convivência, que muito entusiasmava as crianças e os jovens.

Em Araraquara, padre Vítor assume essa tarefa e, com a experiência dos antepassados, dedica-se de corpo e alma à catequese. Foi um trabalho gratificante para ele saber que as crianças da cidade não sofreriam o que ele sofreu por falta de orientação catequética. Seu gênio natural expansivo e alegre o ajudou muito nessa tarefa. Sabia atrair e conquistar o coração dos meninos e meninas. Seu irmão José, não sem uma ponta de ironia, chamou-o de palhaço da fé. De fato, Pe. Vítor fazia-se de "palhaço da fé" para conquistar as crianças, especialmente quando lhes fazia a missãozinha. Com facilidade comunicava a doutrina, por meio de exemplos e comparações. Foi, no dizer do cronista daquela casa, um exímio catequista.

Uma particularidade: padre Vítor sabia compreender os meninos-problemas, aqueles que tornavam pesada e difícil a tarefa da catequista de manter a ordem e a atenção. Esses lhe lembravam, sem dúvida, seu tempo de moleque, quando não tinha quem o instruísse na fé e nos bons costumes. Por isso procurava compreendê-los com amor.

Em 1927, para a festa de Santa Cruz, padre Vítor organizou uma bela primeira comunhão. Depois de quase dois anos de preparação, as crianças foram a nota alegre e singela daquela festa. Dom José Homem de Mello, bispo de São Carlos, esteve presente e não poupou elogios ao progresso da catequese na cidade.

Periodicamente, programava pequenos teatros para as crianças, com o auxílio das alunas do Colégio Progresso local. Todos os anos, por ocasião do Natal, havia a distribuição de prêmios e doces na festa anual da catequese, que reunia todos os centros. Mas nem tudo eram rosas... Na concentração do Natal de 1927, por um descuido, o Centro de Santa Cruz não providenciou os doces para as crianças. Foi um fiasco. Uma menina saiu-se com esta: "O padre Vítor tem uma casa tão grande, a igreja de Santa Cruz; é tão rico e não arranja um caramelo para a gente".

Padre Vítor foi benemérito em Araraquara na organização da catequese. Para concluir o ano de 1929, o cronista tem esta apreciação sobre seu trabalho catequético: "O catecismo da Santa Cruz, com suas capelas e grupos anexos, está otimamente organizado. As catequistas são bem escolhidas e deveras zelosas, de modo que as crianças ficam bem instruídas, bem educadas".

Mais adiante, ao fazer o relatório dos trabalhos apostólicos, o cronista acrescenta: "Uma menção honrosa merece o catecismo. Padre Coelho dedica-se com toda a alma a esta santa tarefa. O catequista (*Pe. Coelho*) visita aos domingos todos estes centros; duas vezes por ano faz a primeira comunhão neles. Para ter as crianças ainda nas mãos, depois da primeira comunhão, fundou uma espécie de irmandade para elas: os meninos debaixo da proteção de São Tarcísio e as meninas têm como protetor o Anjo da Guarda. Essas instituições são de suma importância para o futuro dessas crianças".

Eram quatro os centros dirigidos pelo padre Vítor, cada um com uma diretora responsável e o total de 52 catequistas. Seu braço direito era a Sra. Rita Marques, que se mostrou verdadeira líder da catequese, financiando inclusive as festas de seu bolso. Ela e suas auxiliares tinham consciência de seu papel na evangelização das crianças, entusiasmo e zelo incutidos pelo padre Vítor.

Terminando seu tempo de estágio ou padre novo, Vítor foi transferido, em julho de 1930, para a casa da Penha, periferia de São Paulo, onde deveria fazer o Segundo Noviciado e preparar-se para a pregação das Santas Missões. Para sua despedida, os centros lhe ofereceram uma comunhão geral das crianças, depois da qual houve poesias e discurso, sem faltarem, é claro, as lágrimas e os soluços das crianças. Depois de registrar o fato, o cronista sintetiza o trabalho do padre Vítor nestas palavras verdadeiramente elogiosas: "A saída do bom padre Vítor foi muito sentida nesta cidade". Na Penha ele ia ser aluno do Pe. Estêvão Maria Heigenhauser, o grande e carismático missionário que inovou o sistema de se pregar missão na Província Redentorista de São Paulo. Com ele, Vítor se aperfeiçou no dom da comunicação simples e popular.

8

Na escola do Padre Estêvão Maria

Os padres redentoristas são missionários do povo e têm como fundador o missionário popular napolitano do século dezoito e doutor da Igreja, Santo Afonso Maria de Ligório. Homem de Deus, que viveu no Reino de Nápoles, Itália, apesar de sua vasta cultura, sabia trocar em linguagem simples e popular as verdades da salvação. Foi o santo missionário que pregava o amor a Jesus Cristo e a confiança na sua misericórdia, deixando esse carisma para seus discípulos da Congregação do Santíssimo Redentor, que fundou em 1732.

Os missionários redentoristas, apesar de serem solicitados pelo santo bispo de Mariana, Dom Antônio Ferreira Viçoso, em 1843, só vieram para o Brasil na última década do século passado. Eram missionários holandeses, que chegaram a Juiz de Fora, MG, em 1893, e alemães, em Aparecida e Campininhas de Goiás, em 1894. Eles iniciaram logo a pregação das santas missões nos Estados de Minas Gerais, Goiás e São Paulo. Depois vieram os norte-americanos, poloneses, belgas e irlandeses. A Província Redentorista de São Paulo prega missões, desde 1897, nos Estados de S. Paulo, Goiás, Rio Grande do Sul e outros Estados.

Padre Vítor Coelho de Almeida, formado na escola alemã, foi também um grande missionário redentorista. Sua palavra simples era muito apreciada, seu carisma de pregador arrebatador, tanto nas missões populares como nos programas da Rádio Aparecida. Possuía em alto grau o dom da comunicação, que soube aproveitar na direção da conversão para Cristo, em favor de seus ouvintes. Possuía a unção que brota do espírito de fé e da contemplação na oração.

Depois de se mostrar bom catequista por cinco anos, ele entrou durante seis meses na escola do Mestre das Missões, padre Estêvão Maria Heigenhauser, que o devia preparar para a pregação das missões. Esse tempo, chamado Segundo Noviciado, incluía reflexão e meditação, estudo dos sermões e das qualidades necessárias para um missionário ser bem-sucedido. O mestre propunha ainda o ideal do Santíssimo Redentor, isto é: a espiritualidade de seguir os passos do Redentor no caminho da santificação própria, a fim de que a ação missionária tivesse o amparo da graça de Deus.

Foi na escola do grande missionário popular, padre Estêvão Maria, que padre Coelho foi aprender o modo de se pregar a missão popular; o jeito de se comunicar com o povo. Sob sua direção ele fez aquele estágio na casa da Penha, SP, de julho a dezembro de 1930. Muita coisa ele já sabia, era-lhe inata, mas tinha que aprender o sentido de cada tema de pregação e seu objetivo. Devia aprender a inculcar nos ouvintes grande confiança na misericórdia de Deus e no patrocínio de Maria. A técnica lhe ensinava como proceder nas diversas circunstâncias, nos atos e cerimônias, nas procissões e passeatas das crianças, o segredo da propaganda e como se utilizar do ambiente de maior ou menor vida cristã da população. Aproveitar, enfim, a força dos leigos para o envolvimento de toda a população na missão.

Além dos temas, de seu objetivo e da técnica, ele e seu companheiro, padre Alexandre Miné, deveriam renovar a vida redentorista mediante retiros, conferências e reflexões. Adquirir, numa palavra, aquela bagagem de piedade e graças sobrenaturais, necessárias para a ação convertedora que só se obtém pela contemplação de Cristo e de sua palavra. Já maduro e traquejado na lides missionárias, padre Estêvão Maria sabia quanto eram necessárias a fé, a confiança e o amor evangélicos para o sucesso do evangelizador redentorista. E Padre Coelho foi bom e dedicado aluno. Como o Eliseu das Escrituras Sagradas, que pediu ao profeta Elias que lhe deixasse pelo menos **um pedaço do seu manto de profeta**, Vítor quis também um pedaço do manto do Padre Estêvão, isto é: do seu carisma de missionário popular. Sem dúvida, Vítor herdou uma porção daquele manto, pois se tornou tanto quanto o mestre, ou até mais, um grande comunicador da palavra de Deus e um missionário muito querido do povo. Como ainda veremos, um sem-número de cidades, de famílias e de pessoas teve a felicidade de ouvir e conhecer a palavra simples e cheia de unção do padre Coelho. Milhares e milhões foram seus ouvintes nas Santas Missões, no Santuário e na Rádio Aparecida.

Nesses campos de evangelização ele se santificou, purificando-se de suas faltas, e adquirindo a aura de respeito e de santo.

9

Padre Vítor, missionário do povo

De seus primeiros anos de missionário, Padre Vítor deixou quatro páginas datilografadas, sob o título "Recordações Missionárias", descrevendo suas atividades no campo das missões populares. Embora muito concisas e incompletas, podem servir, uma vez completadas com as crônicas das missões das casas da Penha e Araraquara, onde residiu como missionário, para traçarmos o perfil de sua vida missionária entre 1931 e 1941. Foram quase dez anos de intenso trabalho de evangelização, nos quais empenhou sua fé, seu coração e sua alma. Embora breve, esse tempo definiu sua personalidade de evangelizador popular.

Missionário em Goiás – No curto espaço de um ano e meio (1931-1932), durante o qual foi missionário em Goiás, ele preencheu uma folha de bons serviços para aquela Igreja goiana. Pregou missões nas cidades, fez "giros e pousos pastorais" nas fazendas e bairros, percorrendo o sertão com a "Defesa", valente mula que aguentava seu avantajado corpo. Quando as estradas o permitiam viajava com o auto da comunidade. Nos pousos e nas capelas demonstrou muito zelo. Na missão de Catalão, GO, pregada em julho de 1932 e chefiada pelo Pe. Pelágio Sauter, ele introduziu o sistema renovado de pregar missões de seu mestre padre Estêvão Maria. Sendo ele o cronista, escreveu: "Padre Coelho conseguiu que a missão fosse pregada ao molde paulista, isto é, que se aplicasse o nosso método como se aplica em São Paulo. O resultado foi compensador. Talvez não haja muita diferença entre o povo das cidades maiores de Goiás e os habitantes das cidades médias da 'terra do café'". O próprio padre Vítor afirmou: "Eu fui o primeiro, em Catalão (1932), a introduzir o sistema do padre Estêvão em Goiás. E foi um sucesso". E, ao que parece, ele foi bom juiz em causa própria!...

Outras missões pregadas por ele naquele Estado foram: Cumari, Anhanguera, Luziânia, Planaltina, Formosa, Cristalina, Bela Vista, Trindade e Inhumas. Distinguiu-se nas pregações, nas conferências e na missãozinha das crianças e menos ótimo no confessionário, pois não tinha paciência para tanto, especialmente lá, por causa da falta de prática dos penitentes. Em todas elas, Vítor sentiu grande consolação e demonstrou muito zelo. O povo começou a perceber sua aura de santidade, de pregador carismático do Evangelho. Foi muito submisso aos chefes alemães que dirigiam aquelas missões.

Sofreu, porém, uma decepção em Goiás, ao suportar calúnias e ataques dos protestantes. Estes, que eram subvencionados pela América do Norte, desde as últimas décadas do século passado, eram proselitistas em extremo. O dólar tinha grande poder aquisitivo e persuasivo... Em Anápolis, eles mantinham um grande hospital, do qual se serviam para angariar membros para sua igreja. Quando nosso padre Vítor lá esteve, em setembro de 1932, para pregar a festa do Bom Jesus, propositadamente fizeram confusão com seu nome por causa do ex--padre Vítor Coelho de Almeida, seu primo, que, na ocasião, retornara à Igreja. Ao voltar, sendo o cronista da casa, escreveu: "Arrefeceu muito o ardor bélico dos evangélicos depois que da parte dos católicos não houve mais polêmicas e reações fortes. O melhor meio de combater os protestantes é não dar importância a seus protestos e insultos e contentar-se em expor toda a beleza de nossa fé e receber os coices com pomadas".

É assaz ecumênico para o tempo esse trecho, embora mais tarde, em seus programas de Rádio, não usasse, às vezes, de muita "pomada para receber os coices..."

Na liderança das missões em São Paulo – Voltando dos campos missionários goianos, em janeiro de 1933, foi residir na comunidade da Penha, onde permaneceu por três anos como missionário da casa.

Padre Vítor Coelho formou dupla missionária alternadamente com os padres Otto Maria Böhm, Conrado Maria Kohlmann, Andrade e Oliveira. Com esses dois últimos a dupla se parecia mais com aquela do filme: "O Gordo e o Magro". Ele alto, magro; eles Andrade e Oliveira, baixos e gordos. Mas foram sempre boas duplas para o anúncio do evangelho naqueles anos de 1933 a 1938. Padre Coelho tem boas apreciações sobre o desempenho missionário dos dois confrades.

Escreveu em suas Notas e Recordações: Em 1933, padre Otto e eu fomos destacados para as duas grandes séries de missão. A primeira, antes de maio, na diocese de Sorocaba, quando missionamos Itapetininga, Porangaba, Tatuí, Itapeva, Faxina, Tietê e Catedral de Sorocaba. Em Sorocaba os protestantes confundiram nosso padre Vítor com o outro, seu primo, Cônego Vítor.

Imediatamente depois, começamos outra série na alta Sorocabana, em dupla com o Padre Otto, nos lugares maiores, e separadamente nos menores. Juntos estivemos em Assis, Presidente Prudente e Salto Grande. Foi um trabalho penoso e cansativo. Tínhamos o encargo de fundar congregações marianas. Em 1934, entre as muitas cidades no Sul de Minas, pregamos em Pouso Alegre, Santa Rita do Sapucaí e Passos. Um dos belos frutos dessa série foi a conversão do médico, Dr. Jesus, que se tornou grande líder católico de Pouso Alegre, fundando mais tarde a Faculdade de Medicina daquela cidade. Até sua morte, Dr. Jesus costumava visitar anualmente o padre Vítor em Aparecida. Ambos cultivavam e admiravam belas orquídeas, que são de ambos um símbolo de santidade, pela delicadeza e diversidade de cores.

Em 1935 e 1937, as duplas Coelho/Andrade e Coelho/Oliveira ficaram célebres em muitas cidades de São Paulo. Os nomes da cidade são por si só uma recomendação, pois são cidades progressistas e que deram boa aceitação às missões: Botucatu, Limeira, Santos, Ribeirão Preto. Em Sacramento, Araxá e Conquista, Padre Vítor teve a satisfação de pregar a seus conterrâneos.

O ano de 1939 foi rico de ricas e frutuosas missões em Curitiba, Rio Preto, Catanduva, Londrina, Barretos, Porto Feliz, Tietê, Avaré e Descalvado. Na missão de Curitiba ele escreveu: "Mais do que as lindas procissões, o trabalho dos leigos – o que nós chamamos da ação católica na missão – deram acesso à massa indiferente. Em todas essas missões ele dá destaque aos leigos e elogia seu trabalho. Em Catanduva, penso que ele exagerou, quando escreveu que saíram diretamente do confessionário para o trem. "O entusiasmo chegou ao delírio, tivemos mais de sete horas de confessionário por dia, e não pudemos vencer. Saímos do confessionário para o trem." Sobre a missão do São Sebastião do Paraíso, MG, é interessante esta nota do padre Vítor: "Curioso é que na Diocese de Guaxupé há vários padres pretos e mulatos, todos muito edificantes e instruídos. Nesta, como em outras missões deste ano, teve papel decisivo a ação dos leigos, organizadas pelos missionários". E o que escreve em seguida denota sua vocação inata para o microfone: o alto-falante foi de auxílio descomunal. É fantástico o seu efeito perante as grandes multidões. E fantástico para ele foi também o presente que as crianças da missãozinha da cidade de Matão lhe deram em 1939: um amplificador de som com bom microfone.

Da missão de Conquista, onde ele viveu sua infância, escrevendo na terceira pessoa, comenta: "Foi nesta cidade que o padre Vítor passou um ano de sua infância, quase, imediatamente antes de entrar para o Juvenato, isto deu azo a muitas recordações!... O pior moleque voltava, depois de 25 anos, como santo missionário, as crianças de Conquista conquistaram um nome célebre entre nós, desde a missão de 1927, da qual houve até canivetada. A guarda de honra de N. Senhora e do Santíssimo foi extraordinária quanto ao concurso de povo. O café das crianças trouxe inegavelmente uma grande simpatia à missão. Esta foi a primeira missão do padre Oliveira, que se mostrou de boa raça".

Da missão de Ibitinga ele escreveu: "Ibitinga superou Pinhal em desoladora falta de criancinhas. Na bênção dos nenês chamei para o presbitério toda a criançada de dois anos para baixo e ... não eram mais de quarenta. A conferência às senhoras casadas foi como uma bomba. Uma italiana velha disse gracejando que dentro de um ano 'a cidade estará cheia de coelhinhos'".[8] Na época, os missionários já começavam a sentir o problema da limitação dos filhos com métodos artificiais.

No ano de 1940 ele seguiu o mesmo ritmo de trabalho e aconteceu o auge de sua carreira de Mestre das missões. Concorridíssimas foram as missões de Olímpia, Guariba, Barretos, Batatais, Jardinópolis, Acerburgo, São Carlos e Ribeirão Preto. Nessas ele ressalta também o trabalho dos leigos. E a última de Ribeirão Preto vai marcar a sua vida.

Sobre ela escreveu: Missão difícil. O que nos pareceu mais estragada, em Ribeirão Preto, foi a criançada; tornou-se inconveniente levá-la à passeata. O Circo Sarrasani afirmou que nunca viu no mundo inteiro meninos tão mal-educados. (...) Debaixo dessas manifestações de fraquezas e fragilidade humana, há naquele povo um grande tesouro de fé e boa vontade, especialmente amor a N. Senhora, que rompeu brilhantemente durante as missões. A catedral

---

[8] Doc. n. 63, p. 542. A expressão "coelhinhos" denota os filhos nascidos após sua conferência para senhoras, na qual a limitação artificial da família ele condenava.

enchia-se, ficando também cheias as outras igrejas. Houve inúmeras conversões, pena terem faltado os confessores. Foi nessa missão que padre Vítor caiu doente. Na época os grandes missionários alemães estavam se apagando. A idade e o cansaço, a doença e a morte foram tirando esses guerreiros das fileiras do campo de luta das missões. Também o carismático líder das santas missões de São Paulo, padre Estêvão Maria, curvava-se ao peso da idade e, em pouco tempo, cruel e insidioso câncer interrompia sua gloriosa carreira para ser chamado à casa do Pai. E a mão de Deus vai atingir agora o seu discípulo, que dava tantas esperanças para o campo das missões. Depois de dirigir a Missão de Ribeirão Preto, de 4 a 19 de agosto de 1940, cai de cama com forte gripe. Escrevendo a crônica daquela missão acrescentou, no final: "Quando os missionários voltaram para casa, padre Coelho começou novo trabalho de meia semana na fazenda Porangaba, onde o aguardavam cinco irmãs de Jesus Crucificado. Aí se mostrou o valor do alto-falante, porque mesmo no quarto, com forte gripe, o missionário pôde fazer o grande sermão do inferno, dirigir procissões etc.". Mal sabia ele que a "forte gripe" era a tuberculose que voltava com toda a virulência.

10

Animador das vocações

A partir de 1926, as crianças faziam parte integrante da missão redentorista. Foi o mestre padre Estêvão Maria que lhes dera esse lugar privilegiado, instituindo a missãozinha especial para elas. Ele as queria não só assistentes da missão, mas também participantes ativas: chamando e convidando os adultos, particularmente os pais. As crianças se tornaram um veículo vivo de propaganda.

Coisa importante para a criançada era receber do missionário um santinho ou uma medalhinha. E da sacolinha de doces nem se fale. Até crianças que tinham tudo em casa faziam questão de recebê-la do Padre Vítor. Quantos lhe lembravam, depois de adultos, esse gesto de carinho dos missionários, que foi para eles o incentivo e o início de sua busca de Deus.

Lembrando-se de sua infância carente de todos esses gestos, ele as procurava atrair, não só para serem instrumentos de propaganda, mas, sobretudo, para serem objeto do amor de Cristo. Desses pequenos missionários da missão Vítor fará missionários redentoristas.

Entre os missionários redentoristas de São Paulo, ele foi o maior e o mais bem-sucedido recrutador de vocações. Ele vivia com muito entusiasmo seu ideal de missionário redentorista, sabendo despertar por isso nos meninos e jovens o mesmo ideal de ser padre redentorista. Sua figura esbelta, de barrete, cruz missionária no peito e o rosário pendente do cinto, atraía os jovens. Seu espírito alegre os encantava. Muitos dos que ele fez "pequenos missionários", durante a missãozinha das crianças, desejavam depois ser também "missionários do povo". Prova disso são os muitos missionários redentoristas, também de outras congregações e padres diocesanos, que devem sua vocação ao apelo do padre Vítor. Eu me lembro como durante a missão de Tietê, em 1938, ele perguntava, após a missãozinha, quem desejava ir para o seminário. E era grande o número dos que levantavam o braço. Depois de cada missão, sempre havia bom número que desejava acompanhá-lo até Aparecida.

A seleção muitas vezes não era perfeita e as más línguas diziam do padre Vítor: "voltam para casa mais meninos do que ele leva para o seminário". Mas o grande número dos que devem sua vocação a seu apelo prova o contrário.

Padre Vítor chegou a ter alguma divergência com seu grande amigo e diretor do Seminário de Santo Afonso, padre Pedro Henrique Flörschinger, porque este "despachou" de volta para casa muitos meninos que haviam sido enviados por ele entre 1934 e 1937. Em carta de 14 de abril de 1938, padre Pedro lhe dava as razões por que mandara embora muitos dos meninos. Em quatro anos – 1934 a 1937 – padre Pedro recambiou para casa 95 meninos. Entre as razões, as de maior incidência foram: 16 por falta de vontade de ser padre e 28 por falta de capacidade intelectual. Entretanto, a 28 de julho de 1939, o mesmo diretor lhe escreveu uma carta mais animadora; certamente, com a experiência adquirida, padre Vítor passou a fazer uma seleção melhor. "Vai junto com esta uma carta de sua criançada. É um número grande este seu. Vítor não desanime, desses meninos você poderá dizer como o apóstolo São Paulo: "Corona mea et gaudium meum" (*Vocês são minha coroa e minha alegria*)! Todos vão bem; o comportamento deles é excelente, graças a Deus. Deus o conserve assim! O crescimento do juvenato neste ano foi muito rápido, por isso não posso mais aceitar meninos até dezembro. Se naturalmente encontrar meninos ótimos poderá mandá-los também antes. Tenho rapazes santos aqui. Deram-me provas nestas férias. Fico admirado, vendo o que se pode fazer com estes futuros redentoristas. Dão as melhores esperanças".

1939 foi o ano de ouro das missões do padre Vítor; foi o ano no qual ele recrutou o maior número de vocações para o Santo Afonso. Sabia que, dentre eles, muitos eram moleques sem bom conhecimento do catecismo e com mau comportamento: levava-os assim mesmo para o Seminário. Esperava que seu caso se repetisse: que de moleques eles fossem chamados para ser missionários redentoristas.

11

Missão interrompida

O ano de 1938 foi rico de muitas e frutuosas missões para a Vice-Província Redentorista de São Paulo, nas quais o Padre Vítor colaborou para imprimir uma dinâmica especial: o trabalho dos leigos para abranger toda a comunidade. No ano de 1939, ele atingia o auge de sua carreira missionária, marcando, como mestre das missões, uma trajetória de sucesso na evangelização do povo e no afervoramento das comunidades paroquiais. Empenhava-se em anunciar o Cristo como centro da nossa vida cristã, procurando direcionar as paróquias conforme sua visão de Igreja, para celebrar em espírito e verdade o dia do Senhor. Nascia nele o empenho de suscitar as comunidades de fé, culto e amor fraterno.

Naquele ano, de 1939, os superiores lhe confiaram o encargo de superior das missões de sua comunidade de Araraquara, fato que lhe trouxe mais preocupações e responsabilidades. Além da responsabilidade na liderança das missões, havia número insuficiente de missionários, tendo como consequência o acúmulo de trabalho, especialmente no atendimento das confissões, que se protraía até alta madrugada. Percebendo a situação de excessivo cansaço dos missionários, o superior vice--provincial, Pe. Geraldo Pires de Sousa, deu, pela primeira vez, em maio de 1940, uma espécie de férias, que os missionários foram passar ao pé da Mantiqueira, na casa de campo do Seminário de Santo Afonso, situada no bairro da Pedrinha, município de Guaratinguetá. A respeito, escreveu padre Vítor: "Seguimos logo depois da festa da Santa Cruz para a Pedrinha, na Serra da Mantiqueira, a descansar. Não se pode desejar lugar mais ameno, tranquilo e próprio para as férias do que o saudoso recanto, onde tínhamos passado tantas férias como seminaristas".

Essa parada para o descanso e para a reflexão, entretanto, não foi suficiente para que o padre Coelho recuperasse as energias perdidas, nessa década de trabalho intenso, participando nada menos do que de 50 missões, além de outros pequenos trabalhos.

Em agosto, ele vai dirigir a grande missão da cidade de Ribeirão Preto, SP, com os problemas de uma cidade que se modernizava e se multiplicava em número de habitantes. Foram 15 dias de desgaste físico e mental. A missão foi bem divulgada pela imprensa e pela rádio local, além do trabalho de cinco missionárias de Jesus Crucificado, que orientavam os leigos no trabalho de corpo a corpo, visitando, convidando as pessoas para a missão. Tudo estava preparado para o sucesso daquela missão, favorecendo em muito a fama das missões pregadas nas proximidades, como Batatais e Jardinópolis. Sete eram os missionários: PP. Vítor, Daniel Marti, Sebastião Magalhães, na Catedral; PP. Conrado Kohlmann, Benedito da Silva, na igreja de São José, e na Abadia dos Padres Olivetanos: PP. Antônio P. de Oliveira e João de Sousa. "Muito nos favoreceu, escreveu na crônica da missão padre Vítor, a fama que rolara pela cidade, vinda das recentes missões de Batatais, Jardinópolis etc. Entramos com o pé direito, fomos recebidos por uma massa de povo. A missão movimentou a cidade. A catedral enchia-se, ficando cheias também as outras igrejas. Há naquele povo um grande tesouro de fé e boa vontade, especialmente amor a Nossa Senhora, que irrompeu durante a missão. Grandiosa foi a procissão das luzes com o Crucificado e a renovação dos compromissos do batismo. Houve inúmeras conversões. Pena que faltaram confessores suficientes."

Padre Vítor estava satisfeito com o resultado, mas abatido na saúde. Forte gripe o prostrou no leito; era a tuberculose que interrompia sua carreira missionária. Da planície da popularidade, Vítor foi chamado para subir a montanha, a fim de contemplar o Cristo Sofredor no Horto das Oliveiras, por oito anos.

Após a missão de Ribeirão Preto, em agosto de 1940, ele apanhou a gripe que não cedeu mais. O cansaço e o estado febril, característicos da tuberculose, denunciaram a doença. Não havia dúvida; repetia-se a crise de 1921, agora com mais violência. Naquela ocasião, um mês de cuidados médicos e de repouso foram suficientes para que ele recuperasse a saúde, desta vez serão precisos sete anos para que ele pudesse voltar para Aparecida e iniciar novas atividades apostólicas. Deixou o campo de trabalho em setembro de 1940, para voltar somente em abril de 1948.

12

A missão do sofrimento

Como jovem seminarista, padre Vítor gostava de escalar a Mantiqueira e respirar os ares puros e oxigenados dos "Campos do Jordão", como são conhecidos os campos do alto daquela montanha, cobertos de vegetação rala e emoldurados pelos bosques de pinheiros, e cortados nas suas baixadas por córregos de águas cristalinas. Subir os "campos" era a excursão preferida de todas as férias.

Mas, quanto lhe custou agora subir até Campos do Jordão, aos 42 anos de idade! Quanto lhe custou interromper a missão da palavra evangelizadora para começar a missão do sofrimento e da dor, que o purificaria no caminho da santificação pessoal, dos doentes do Sanatório e de seus futuros radiouvintes. Foi forçado a se retirar da planície da popularidade das santas missões, do carinho das populações que o aclamavam "santo missionário", para subir a "montanha do sofrimento e da solidão"!...

Não ia entusiasmado, abatido sim, mas de modo algum inconformado ou revoltado. Aceitou com fé o novo caminho que Deus lhe indicava para ser missionário da Copiosa Redenção de Cristo, de sua abundante salvação oferecida a todos, especialmente aos mais pobres e abandonados. Aceitou generosamente entrar no Jardim das Oliveiras e aprender com o Cristo Sofredor o mistério da dor e do sofrimento. Foi o ponto alto de sua conversão. Sentiu-se, porém, confortado ao receber a solidariedade dos confrades e, sobretudo, as palavras reconfortadoras do Superior Geral, padre Patrício Murray, transmitidas pelo padre Provincial, Geraldo Pires de Sousa, que o incentivavam a "oferecer seu isolamento para bem da Missão Redentorista".

12.1. No Sanatório da Divina Providência

O Sanatório foi inaugurado a 4 de novembro de 1929, quando as Irmãs Franciscanas abrigaram em uma pequena enfermaria, anexa à sua casa, 20 doentes portadores do bacilo de Koch, que necessitavam do clima favorável de Campos do Jordão para recuperar a saúde. A primeira missa, a da inauguração, foi celebrada pelo padre redentorista, Francisco Alves, da casa de Pindamonhangaba. Daí a ligação que aquele Sanatório e as Irmãs mantêm com os missionários redentoristas até hoje.

A primeira superiora foi a Ir. Francisca Maria de Salles e o primeiro médico da casa, Dr. Décio de Queirós Teles. A ampliação do prédio, do número de doentes e da comunidade religiosa aconteceu por etapas. Em 1934, ampliavam-se os alojamentos e o Sanatório ficou destinado exclusivamente para doentes do sexo feminino. Construiu-se então a capela dedicada a São Geraldo Majela, santo redentorista, que também foi vítima da tuberculose.

Desde o início, a casa foi uma obra de misericórdia, mantida pela Congregação das Franciscanas Filhas da Divina Providência e por doações espontâneas. Senhoras e moças eram aceitas sem distinção de cor ou religião, e gratuitamente; seguia-se à risca o preceito do mandamento novo.

No almanaque *Ecos Marianos* de 1944, padre Vítor publicou um artigo sobre Campos do Jordão, destacando o trabalho social dos Sanatórios, particularmente do Sanatório da Divina Providência, onde estava internado desde 1941. Os tópicos principais de seu artigo são:

"Conheço de perto, há mais de um ano e meio, o Sanatório da Divina Providência e, admirado pelo grande bem que, sem alarde e quase sem a contribuição da caridade pública, aqui se realiza, resolvi nesta reportagem tirar a luz de sob o alqueire e colocá-la sobre o candelabro. O trato é muito bom; linda a situação, com parque arborizado e magnífico panorama. Há raio-x, pneumo-tórax, laboratório etc.

Este Sanatório – como os seus congêneres de Campos do Jordão – tem, figuradamente, duas "portas de saída": uma, larga e aberta para a cura e a saúde; outra, estreita, por onde poucos atravessam rumo aos páramos eternos. Esses poucos casos de morte, que tive o consolo de suavizar com os lenitivos da religião, foram tão aclarados pela luz da predestinação que "a gente quase ficaria com inveja". O número de curas – e curas radicais –, comprovadas por anos sucessivos de vida ativa, desfaz com nitidez o velho preconceito da incurabilidade da tuberculose".

A 9 de janeiro de 1941, padre Vítor internava-se no Sanatório de Santa Cruz, passando logo depois, a 12 de fevereiro, para o Sanatório da Divina Providência. Assumiu com determinação o regime do Sanatório, obedecendo aos médicos e às irmãs enfermeiras. Repouso, boa alimentação e clima eram a melhor terapia para a tuberculose naqueles tempos. Entretanto, seu estado de saúde era gravíssimo, constatou-se que o pulmão esquerdo estava todo comprometido. Para tentar preservar o direito e salvar-lhe a vida, foi submetido, em 1944, a uma delicada cirurgia chamada toracoplastia. O princípio dessa intervenção cirúrgica era deixar o pulmão sem oxigenação, impedindo a sobrevivência dos bacilos. Somente em 1945 chegaram os primeiros sinais de esperança, uma vez que os testes com as cobaias inoculadas com material do paciente começaram a ficar negativos.

No segundo semestre de 1945, padre Vítor escrevia com muita alegria ao padre Geraldo Pires de Sousa, superior provincial, que os primeiros testes negativos já estavam acontecendo, isto é: as cobaias não morriam mais. Em resposta de 22 de dezembro daquele ano, padre Pires dava-lhe os parabéns e, referindo-se às cobaias sacrificadas, dizia em seu estilo próprio: "Parabéns pelo bom resultado da planigrafia. Chega de matar cobaias, seu Coelhão".

Padre Vítor, porém, sempre atribuiu sua cura, não tanto ao método empregado e ao subsequente tratamento, mas sim a um milagre alcançado pelo virtuoso padre Eustáquio da Congregação dos padres de Picpus. Ainda com testes positivos da doença, que não queria ceder, visitando-o no Sanatório, Padre Eustáquio lhe disse, após lhe ter dado a bênção: "Padre Vítor, você vai ficar bom e trabalhar muito para o Reino de Deus". Outro redentorista internado com ele era o padre João Benedito da Silva, que veio a falecer.

Missionário entre as doentes – Mesmo antes de estar curado, padre Vítor sentiu grande zelo na ajuda às doentes do Sanatório; seu zelo e sua caridade para com elas foram extraordinários. Queria ajudá-las a todo o custo, por isso tornou-se apóstolo dentre elas. Padre Vítor transformou o ambiente do Sanatório, confidenciava-me a Irmã Maria José, superiora da casa, em 1988, quando escrevíamos sua primeira biografia. Ele soube incutir nas jovens – a maioria eram moças – esperança em Cristo e alegria de viver. Ele mesmo testemunhou por infinitas vezes, nos seus programas da Rádio Aparecida, que vira morrer algumas delas confortadas com os sacramentos da Igreja, tranquilas e serenas.

No seu artigo, acima referido, padre Vítor dá conta de seu apostolado entre as doentes. Antes de tudo incutia-lhes muita fé e esperança por meio da prática da vida cristã. Como redentorista e missionário não deixou de lado especial devoção a Nossa Senhora Aparecida, levando para lá a imagem que o acompanhava nas missões. "Nossa Senhora é cultuada com especial fervor: a Imagem milagrosa (fac-símile) percorre solenemente os quartos, dedicando uma semana em cada um. Todas as enfermas inscreveram-se na Arquiconfraria de Nossa Senhora Aparecida e de São Geraldo."

Esforçou-se, entretanto, em introduzir na casa um ambiente de família, que juntamente com o tratamento médico, repouso e boa alimentação eram, diz ele, os meios pelos quais as doentes recuperavam a saúde. E afirmava: "Por isso, no Divina Providência concorre grandemente o espírito de família, alegria e religião, que dá a nota dominante a este Sanatório".

As irmãs franciscanas, que dirigiam o Sanatório, estavam conscientes desse trabalho profundo do padre Vítor. Por ocasião da celebração de seu Jubileu de Ouro Sacerdotal, em 1973, elas davam este testemunho de sua atividade apostólica entre as doentes, que transformou o ambiente do Sanatório:

"Sempre alegre e comunicativo, com palavras firmes e esclarecidas, com seu exemplo de virtude foi transformando o ambiente do Sanatório numa casa de oração e alegria. Era como se fosse uma só família".

Sua primeira atitude foi a de aceitação, queria sarar, queria continuar sua missão de levar as pessoas para Cristo. "Conhecia a gravidade da moléstia e, quem sabe, as mínimas possibilidades de cura. Entretanto, aceitou tudo quanto Nosso Senhor lhe pedia no momento. A tuberculose atingiu seu físico robusto, mas não entravou sua carreira apostólica. Apenas mudou seu campo de apostolado."

O contato direto e pessoal foi o meio que escolheu para evangelizar as doentes e incutir-lhes confiança em Deus. "Após a santa missa diária, celebrada pela manhã, ele percorria as alas indagando uma por uma das doentinhas, abençoando, levando alegria, paz e esperança de dias melhores. Criou um clima de fé e oração.

Grande devoto de Nossa Senhora Aparecida trouxe consigo para o Sanatório a imagem, que costumava levar às Santas Missões, e iniciou a devoção das Novenas Perpétuas, em louvor de Nossa Senhora do Perpétuo Socorro, com a reza do terço e das ladainhas. Percorria quarto por quarto, rezando, explicando e meditando ele mesmo os mistérios do Rosário. Isto noites seguidas, todo o tempo de seu tratamento. Muitas conversões aconteceram naquele tempo entre as doentes."

Sempre estava ao lado daquelas que agonizavam, não lhes deixando faltar o consolo dos sacramentos. "Esses poucos casos de morte, que tive o consolo de suavizar com os lenitivos da religião, foram tão aclarados pela luz da predestinação que a gente quase ficaria com inveja", escrevia no acima citado artigo dos Ecos Marianos. E sobre seu apostolado entre as doentes do Sanatório tem esta bela página no seu livro "Os Ponteiros apontam para o infinito":

"Pousem as minhas recordações agradecidas sobre a Gruta de Nossa Senhora de Lourdes, no parque florido a cavaleiro do Sanatório da Divina Providência, onde vivi sete anos entre os sofredores. Casa que abriga e conforta mais de oitenta criaturas enfermas; mansão nimbada com a glória de ter oferecido um cantinho escolhido aos sacerdotes e seminaristas. Foi ali que, por quase sete anos, tive a meu cargo ovelhinhas enfermas de Jesus; e nas incertezas e temores, nas saudades e tédios, nos definhamentos e dores físicas, nas angústias lancinantes, nas agonias prolongadas e nos desenlaces finais, saturei os meus olhos e meu coração de quadros confrangedores do que seja o sofrimento e a morte. Mas foi também ali que pude conhecer mais ao vivo a profundidade e a largueza da Sabedoria infinita e misericordiosa que fere para salvar. Quantas criaturinhas, em plena primavera dos anos, não se viram, de súbito, atingidas e feridas pela terrível moléstia! E, como São Paulo, às portas de Damasco, clamavam chorando: 'Quem és tu que assim me feres?' – 'Eu sou Jesus, teu Salvador'. Elas viram e creram. Jesus lhes perdoou os pecados; deu-lhes o maná do sacrário; infundiu-lhe no íntimo o espírito de oração, caridade e sacrifício. E confiou-as a Maria Santíssima, consoladora dos aflitos, saúde dos enfermos e porta do céu. Só a nossa religião possui plenamente essas fontes insubstituíveis, que conferem aos sanatórios dirigidos por religiosas, um caráter de alegria garrida; ao ponto de muitas vezes eu ter tido a ilusão de não estar em um hospital de dores mas num internato de crianças alegres".

Padre Vítor não perdia ocasião para comentar a palavra de Deus às enfermas, especialmente depois que seus testes se tornaram negativos. Com mais liberdade e disposição, ele podia dedicar-se à evangelização das doentes. Aproveitava para isso as missas diárias que celebrava na capela do Sanatório, a recitação do terço e outras oportunidades em que as doentes, em melhor condição de saúde, reuniam-se para rezar e cantar, como aos sábados diante da Gruta de N. Senhora. As festas litúrgicas importantes eram também aproveitadas: igualmente as primeiras sextas-feiras do mês, celebradas com fervor pelas doentes. Tantas eram as ocasiões para ele evangelizar.

A nota característica daquela festa do Jubileu de Ouro foi de gratidão do Sanatório pelo bem imenso e a transformação do ambiente que ele conseguiu pela sua piedade e espírito de fé. Na sinceridade e veracidade destas palavras, que abrem o álbum de fotos comemorativo de seu Jubileu, vemos retratada com fidelidade a missão do Padre Vítor:

"Aqui ele viveu sete anos em tratamento e sempre edificou todos que passaram por esta casa, pelo seu apostolado de todo esse tempo, e pelo amor que dedicou com carinho a este Sanatório, às Irmãs, funcionários e internas, pela clareza de sua palavra em explicar e fazer compreender que Cristo é nosso caminho e nossa vida. Sua permanência nesta casa foi, sem dúvida, um tempo de bênçãos, tal foi seu trabalho apostólico entre todos, sem exceção. Reconhecemos que foi uma das grandes graças recebidas de Nosso Senhor ter ele escolhido o Sanatório da Divina Providência como campo de seu apostolado durante sete anos. A Deus nosso louvor e gratidão e ao padre Vítor nossa eterna amizade".

Dona Dulce Cortez, que estava internada naquele Sanatório desde o ano de 1944, e que, portanto, sentiu também sua influência, afirma que "ele era um homem santo e tudo fazia para que as doentes tivessem fé e compreendessem sempre mais quem era Jesus Cristo e Maria, sua mãe. Procurava incutir em todas muita confiança em Cristo e Maria, e animava as doentes dizendo-lhes que embora sofressem estariam unidas a Jesus Cristo. Ele tinha um carinho especial para com as doentes, sem exceção; estava sempre pronto a orientar e dar uma boa palavra para elas.

Muitas dentre elas eram revoltadas com a doença, mas depois que ele chegou aqui orientando e falando de Jesus e de Nossa Senhora, do Sagrado Coração de Jesus, ele modificou o ambiente, fez do Sanatório uma família".

Mas ele não pregava apenas um conformismo passivo, não; ele queria que todas as moças reagissem e voltassem a ter vontade de viver. Sabemos que a tuberculose para os jovens, especialmente naquele tempo em que eram confinados em sanatórios, causava graves depressões com uma certa fuga para o sexual. Sua atuação não foi alienante, preocupando-se sim com a saúde e cura das moças. Com seu gênio alegre soube temperar lazer e religião para aquelas doentes que vinham marcadas pela depressão causada pela tuberculose. "Para a cura no Divina Providência concorrem grandemente o espírito de família, a alegria e a religião, que dão a nota dominante neste Sanatório", escreveu padre Vítor, em 1944. Para conseguir um ambiente mais alegre e de esperança, costumava, juntamente com algumas irmãs religiosas, sair a passeio com as doentes – tipo piquenique – onde cantavam, alegravam-se e até jogavam baralho.

12. 2. Início de uma nova missão: evangelizar pela Rádio

Sentindo-se curado e com forças, renasceu no padre Vítor a vocação missionária. Era um novo caminho traçado pela Divina Providência que ele iniciava na Emissora de Rádio de Campos do Jordão, ZYL, 6, e continuaria no Santuário de Aparecida. Pelo espaço de um ano e meio ele levou a mensagem do evangelho para as famílias daquela cidade.

E assim começou: em meados de 1946 ele ajudou os PP. Franciscanos da Paróquia de Santa Teresinha e alguns leigos a fundar a Emissora de Rádio. Esta não era propriedade da paróquia, mas ligada a ela, conforme nos diz padre Vítor em suas anotações: "Fui locutor da Rádio de Campos do Jordão, que ajudei a fundar, sendo ela, no começo, uma Rádio de caráter pronunciadamente católico até que o Sr. Ademar de Barros a comprou e abriu a porta às seitas. Nós (*os redentoristas*) possuíamos 14 contos de réis em ações da mesma. Traidores houve que venderam suas ações a Ademar, de sorte que este ficasse com grande maioria de ações. Não havia remédio senão vender as nossas. Mas ele se comprometeu, e até agora tem cumprido o compromisso, de dar meia hora gratuita quotidianamente à Igreja".

A Rádio mantinha meia hora de programação católica por dia: das 5h30m às 6h. Buscamos confirmação desta notícia novamente na crônica franciscana: "Todas as tardes, das 5h30m às 6h horas, é irradiada a 'Hora da Cultura Católica', versando sobre os mais variados temas: hora social, hora para os doentes, catecismo das crianças, questões sobre a família, liturgia etc.".

Não foi difícil ao padre Vítor, já tarimbado na pregação das missões populares, assumir esse novo posto e impor-se como homem de comunicação. Tinha experiência de rádio com programas já feitos por ele em emissoras das cidades onde havia pregado missões. Com facilidade adaptou-se a este novo púlpito para anunciar as verdades da fé e os compromissos da vida cristã. Foi bom seu desempenho nesta nova maneira de evangelizar que lhe serviu como um estágio para seu futuro apostolado na Rádio, que seria uma característica de seu apostolado redentorista. Soube informar, convencer e instruir os radiouvintes para formar uma mentalidade cristã. Os padres franciscanos reconhecem os frutos deste novo trabalho do padre Vítor quando escreveram nas crônicas da casa, em abril de 1948, por ocasião de sua despedida do Sanatório da Divina Providência: "O Revmo. Padre Vítor Coelho, após longa convalescença no Sanatório da Divina Providência, deixa curado a nossa paróquia, e com isto também suas atividades na Rádio de Campos do Jordão. Frei Vital o substitui nessa tão grandiosa missão, isto é, a propagação da fé e da moral católicas através das ondas da ZYL-6".

Seu trabalho na Rádio ZYL-6, apesar de breve – pouco mais de um ano – foi frutuoso para os cristãos de Campos do Jordão. E, a própria emissora, se ela continuasse sob o controle da paróquia, teria lucrado, pois ele havia até planejado formar uma entidade que ajudasse com apoio moral e financeiro a programação da "Hora da Cultura Católica". A entidade teria o nome Rádio-Clube São Geraldo. Entre seus papéis encontramos até uma minuta dos Estatutos da Rádio-Clube São Geraldo.

Essa experiência de fundar e de se utilizar da rádio para anunciar o evangelho foi de grande proveito porque serviu de incentivo para a fundação da Rádio Aparecida, onde ele iria desenvolver uma missão providencial. De fato o sucesso daquela Emissora e o entusiasmo do padre Vítor fizeram despertar no Reitor do Santuário, padre Antônio Pinto de Andrade, o desejo de montar também uma emissora que estivesse a serviço do Santuário e da Igreja. "Foi desta empresa, anotou o padre Vítor, que nasceu no padre Andrade a ideia de fundar a empresa radiodifusora de Aparecida, o que ele fez."

Tal como Moisés, padre Vítor Coelho, curado e purificado durante oito longos anos, desce da Montanha, após ter contemplado Deus no sofrimento e na oração, para dirigir-se ao povo de Deus, reunido em torno do "Sinai" do Santuário de Aparecida. Lá, grandiosa missão de evangelização o aguardava.

13

Missionário de Nossa Senhora Aparecida

Depois de sete anos e três meses de ausência, padre Vítor volta para o convívio da comunidade redentorista de Aparecida. Muito lhe custou deixar sua comunidade de Araraquara, no início de janeiro de 1941, para internar-se no Sanatório da Divina Providência de Campos do Jordão. Volta, agora, completamente restabelecido, esperançoso e cheio de confiança no futuro. A doença nunca mais o atingiu, foi de fato um milagre da graça de Deus, que ele afirmava ter alcançado pela intercessão do servo de Deus, padre Eustáquio.

Naquela bonita tarde de 5 de abril de 1948, padre Vítor chegava a Aparecida para fazer parte da comunidade do Santuário, onde dedicaria sua vida à evangelização dos peregrinos e dos ouvintes da Rádio Aparecida, durante 39 anos, três meses e dezesseis dias (5/4/1948-21/7/1987). A propósito, escreveu no Livro do Tombo o Reitor do Santuário e Superior da comunidade redentorista de Aparecida, padre Andrade: "Depois de uma ausência de oito anos, afastado da vida missionária, chega o padre Vítor completamente restabelecido, cheio de força para continuar a trabalhar na Messe do Senhor". Como por ocasião de sua volta da Alemanha, em 1924, também agora padre Andrade preconiza para o padre Vítor saúde, bom e frutuoso trabalho.

Depois de pregar missões ao povo por mais de uma década, padre Andrade foi nomeado Reitor do Santuário de Aparecida no ano de 1946, tomando posse no dia 21 de fevereiro. Diversos fatores levaram o padre Andrade a renovar a pastoral do Santuário, entre eles seu próprio dinamismo e zelo missionários e a crescente procura do Santuário, verificada depois da introdução de novas estradas e de novos meios de transporte. Na década de 1940, a facilidade de condução estava trazendo para o Santuário maior número de peregrinos não só aos domingos, mas no decorrer da semana. Por isso ele ampliou o expediente, tanto da igreja quanto da portaria. Para isso, ele contava com uma equipe de padres novos, que assumira com entusiasmo a nova pastoral.

A maior transformação, porém, aconteceu no ano de 1948, quando padre Andrade instituiu no Santuário a assim chamada "Missão Contínua ou Missãozinha dos Romeiros", isto é, criou novos horários de cerimônias e pregações para os peregrinos. Para levar avante a Missão Contínua aproveitou a presença do padre Vítor, seu antigo companheiro de missão. Esta missão contínua consistia inicialmente em três momentos especiais de pregação para os romeiros: às 6h, 16h e 18h30m. Para às 10h de cada dia, introduziu uma celebração para as criancinhas, que constava de uma pequena exortação aos pais e da bênção e consagração das crianças a Nossa Senhora Aparecida, ato de piedade que as famílias muito procuravam no Santuário. Os outros horários tinham como ponto mais importante a pregação convertedora, versando a pregação da manhã sobre a vida cristã ou vida devota, a da tarde sobre as verdades eternas, e a da noite (18h30m) sobre os mandamentos para a formação da consciência e ainda como preparação imediata para a confissão sacramental. Depois de dizer que a missãozinha tinha conseguido até verdadeiras conversões e ser muito apreciada, até mesmo pelos aparecidenses, ele conclui: "Praza a Deus que estas pregações continuem a ser feitas constantemente, para o bem de nossos romeiros, que assim têm, ao menos uma vez na vida, uma boa pregação em estilo de missões".

Padre Vítor assumiu essa nova tarefa com muito zelo e o padre Andrade contava com sua ajuda para esse programa de evangelização mais intenso, por isso é que acrescentou à acima citação do Livro do Tombo: "Sua Reverendíssima (*Pe. Vítor*) vem prestar relevantes serviços em nossa Basílica dirigindo a missãozinha, introduzida há pouco com imenso proveito para os romeiros".

Em julho daquele mesmo ano, após três meses de experiência, padre Andrade já podia constatar os bons resultados do trabalho de evangelização do padre Vítor. Com grande otimismo, que lhe era peculiar, escrevia no Livro do Tombo:

"Grandes frutos tem produzido a missãozinha aos romeiros, introduzida há poucos meses. É uma verdadeira bênção, porque se dá ocasião aos romeiros de ouvir a Palavra de Deus, tão útil às suas vidas. Muitos vigários do interior já externaram seus agradecimentos, em vista da transformação havida em parte mais distantes de sua paróquia, depois de introduzida a missãozinha aos romeiros".

O plano foi alterado com o tempo, permanecendo, porém, as pregações da manhã e da noite; a da tarde, foi substituída, depois da inauguração da Rádio Aparecida, pelo programa "Consagração a Nossa Senhora", das 15h. De manhã, depois que foram introduzidas mais missas, a celebração da bênção das crianças passou a ser realizada às 9h, com a missa da família.

Esse plano de evangelização dos romeiros, executado inicialmente quase que exclusivamente por ele, seguia a linha do anúncio da palavra, com o fim de converter e instruir os peregrinos. Atos litúrgicos e de devoção popular eram aproveitados para atrair e interessar os peregrinos, como: a bênção da água para os doentes, a consagração das criancinhas e a bênção dos objetos de devoção. Não há dúvida, padre Vítor teve o grande mérito de ajudar a adaptar a mensagem das santas missões redentoristas ao ambiente do Santuário de Aparecida. Foi um mestre que soube transmitir aos padres mais jovens o jeito e a maneira de comunicar, de modo simples aos peregrinos, a mensagem da redenção abundante aos mais pobres e abandonados.

Padre Vítor costumava ainda atender as confissões de manhã e à noite até 1954, quando praticamente deixou de fazê-lo para se dedicar mais aos programas da Rádio Aparecida e às missas irradiadas do Santuário. Desde a fundação da Rádio, em 1951, ele assumiu o papel de comentarista das missas irradiadas do Santíssimo, às quintas-feiras, e das missas das 9h e 18h dos domingos e dias santificados, também irradiadas. O ofício de comentarista das missas irradiadas passou a ser feito também por outros padres, depois de 1970, mas o programa da Consagração a Nossa Senhora, das 15h, ficou seu horário cativo, como cativa também se tornou sua audiência.

Não há dúvida, padre Vítor foi um pregador carismático dos romeiros, que vinham e procuravam ouvir sua palavra. E tinha autoridade pela unção com que lhes falava, unção que, como confirmam diversos confrades que com ele conviveram, ele buscava na oração e meditação da Bíblia Sagrada. Desde que desceu de Campos do Jordão, em 1948, onde passou cerca de oito anos junto do Cristo Sofredor, ele adquiriu uma piedade extraordinária. Sempre que se dirigia ao povo tinha em vista seu bem espiritual, sua salvação. Para isso procurava desenvolver sempre mais sua fé e sua esperança. A caridade o tornava disponível e carismático ao pregar ao povo. Cada vez mais crescia sua fama de santidade, a tal ponto que muitos e muitos peregrinos só ficavam satisfeitos, depois de cumprirem suas devoções, se pudessem pedir sua santa bênção. Depois de Nossa Senhora Aparecida, os peregrinos queriam ver o padre Vítor.

14

Apóstolo da Rádio Aparecida

A Rádio Aparecida tem uma história interessante e o padre Vítor fez parte integrante dela. Já vimos atrás como, por causa de seu intenso zelo na evangelização, ajudou a fundar a Emissora de Campos do Jordão, onde fez um bom estágio de anunciador da Palavra de Deus, de radialista de Deus. Tanto o Padre Vítor como os outros missionários, a partir da década de 30, tinham grande interesse na divulgação da mensagem evangélica, por meio da radiodifusão, aproveitando-se para isso das emissoras locais, onde pregavam missão. Todos tinham até certo "prurido de microfone", quando se tratava de dirigir a palavra missionária ao povo.

A irradiação dos atos da proclamação de Nossa Senhora Aparecida como Padroeira do Brasil no Rio de Janeiro, a 31 de maio de 1931, empolgou os católicos que não puderam estar presente àquele ato, mas que o acompanharam pelas emissoras da capital federal. O mesmo aconteceu, a 30 de junho de 1935, quando a solene inauguração do novo carrilhão de sinos da Basílica Nacional foi irradiada para todo o Brasil pela Rádio Difusora de São Paulo. Fato idêntico, e com maior repercussão ainda, aconteceu na grande festa das romarias do dia 8 de setembro daquele mesmo ano, quando tudo o que se passava no Santuário foi divulgado pela Rádio Record de São Paulo. Foram tantas as cartas e telegramas recebidos de todo o Brasil, que os missionários se impressionaram com a repercussão do evento e a penetração da Rádio.

Nos anos subsequentes, o Reitor do Santuário, padre Oscar das Chagas Azeredo, deu os passos necessários junto do governo para conseguir a concessão de uma frequência de rádio. Em 1938, a concessão já estava garantida por parte do governo, mas o Arcebispo de São Paulo, Dom Duarte Leopoldo e Silva não permitiu sua instalação, e o Superior Provincial da Congregação, padre Geraldo Pires de Sousa não quis arcar com a responsabilidade sozinho. "Tínhamos a intenção de instalar na Basílica uma Estação Emissora de Rádio. Foram dados os primeiros passos para esse fim. A Estação já estava garantida. O Senhor Arcebispo, porém, proibiu sua instalação", escreveu padre Chagas no Livro do Tombo.

14.1. Fundação da Rádio Aparecida

Depois da negativa do Sr. Arcebispo, a ideia de montar uma emissora continuou acesa sob as cinzas... esperando os missionários melhores dias para poderem realizar seu intento. A instalação da Emissora em Campos do Jordão, em 1947, com a colaboração direta e efetiva do padre Vítor Coelho, incentivou o pároco e reitor do Santuário de Aparecida, padre Andrade, em março de 1948, a iniciar a luta para obter também uma emissora para o Santuário. Não foram poucos os obstáculos a vencer, além da concorrência que o Prefeito de Aparecida, Sr. Américo Pereira Alves, quis fazer. Este conseguiu até o apoio do Sr. Cardeal-Arcebispo de São Paulo, Dom Carlos Carmelo de Vasconcelos Motta para seu projeto, oferecendo em troca uma hora de transmissão gratuita diariamente. Mas não era isso que os missionários redentoristas desejavam e almejavam. Eles queriam uma Rádio que fosse propriedade do Santuário e na qual tivessem plena liberdade de anunciar a Palavra de Deus. Padre Andrade registrou o fato: "Há interesses de outros, que, desejando tirar proveito para si, querem impedir que se realize uma obra de suma importância para a propaganda da devoção a Nossa Senhora Aparecida e para a religião como tal".

Padre Andrade fez nova tentativa em setembro de 1950, dessa vez com o apoio do novo superior provincial, padre Antônio Ferreira de Macedo, que, por sua vez, conseguiu que o Sr. Cardeal Motta retirasse seu apoio ao prefeito e o desse à iniciativa dos missionários redentoristas. Mas os vaivéns foram muitos e muitas as portas a se baterem, gabinetes a frequentar. Tudo estava difícil nos corredores do Ministério da Viação e Obras Públicas: interesses políticos, oposição contra a Igreja, pois a Rádio seria mais uma força em suas mãos. Esgotavam-se rapidamente os dias úteis para a concorrência. Por fim, como diz padre Macedo, foi decisiva a orientação de um advogado, que se encontrava no Ministério e que insistiu em permanecer no anonimato. Ele sugeriu ao padre Macedo que apresentasse a assinatura do Diretor do Jornal Santuário de Aparecida, pois a preferência era dada a quem possuísse também um jornal. Pe. Macedo solicitou a assinatura do padre Antônio P. de

Oliveira, que era o Diretor do Jornal Santuário de Aparecida, sendo esse o documento decisivo para o desfecho favorável.

Com todos esses documentos em mãos e mais, com a proteção visível de Nossa Senhora Aparecida, como dizia Pe. Macedo, os redentoristas conseguiram a concessão de uma emissora para o Santuário, a Rádio Aparecida. Mas a vitória só aconteceu, de fato, a 13 de dezembro de 1951, quando o Diário Oficial da União publicava a concessão da frequência para o Santuário de Aparecida.

Como era e é de praxe, foi formada uma Sociedade Limitada composta pelo padre Antônio Ferreira de Macedo, superior provincial dos redentoristas; Dom Paulo Rolim, bispo auxiliar de São Paulo, e padre Humberto Pieroni, redentorista que se incumbiu dos serviços de instalação da emissora. Assim, com muito empenho dos Missionários Redentoristas, e até inicialmente com a oposição da autoridade arquidiocesana, nascia e era inaugurada, a 8 de setembro de 1951, a Rádio Aparecida. Para se obterem outras frequências de maior potência e penetração outros passos foram dados pelos missionários redentoristas: em 1954, as ondas curtas de 31 metros, de alcance nacional, bem como, posteriormente, as faixas de 25, 60 e 49 metros. A frequência modulada também foi uma conquista sua.

Modesta e pequena nascia ela, e com todas as dificuldades burocráticas e de manutenção que até hoje os empreendimentos da Igreja têm que sofrer por parte da sociedade laica dominante. Seu alcance era limitado a mais ou menos 30/40 quilômetros de raio.

No livro do Tombo, sob o título "Inauguração da Rádio – 8 de setembro de 1951", encontramos esta sucinta descrição do início da Rádio Aparecida, feita pelo então vigário de Aparecida e reitor do Santuário, padre Antão Jorge Hechenblaickner:

"No dia 8, às 8h30m, foi inaugurada solenemente a Estação de Rádio. padre Daniel Marti anuncia, depois que Dom Antônio M. Alves Siqueira desatou a fita auriverde do microfone, o início inaugural com os hinos nacionais e pontifício. Dom Antônio deu a bênção litúrgica e chamou na sua bela alocução a novel emissora de sacramental, por sua futura propaganda religiosa, musical, cultural e social, que levará inteligências e corações dos radiouvintes para mais perto de Deus.

Seguiram-se as palavras do Diretor Presidente da Rádio Record, Dr. Paulo Machado de Carvalho, do Superior Provincial, padre Antônio F. de Macedo. Encerrou o ato o vigário e reitor do Santuário, Padre Antão Jorge, agradecendo a todas as pessoas presentes, e convidando-as a participarem da solene missa que ia ser celebrada e irradiada pela nova emissora em cadeia com a Rádio Record de São Paulo".

Mas quem batalhou pela Rádio estava ausente. Padre Andrade fora transferido a pedido do Sr. Cardeal Motta. A propósito da inauguração, a crônica da comunidade redentorista registrou, no dia 8 de setembro: "Deste modo vemos realizado um velho sonho dos redentoristas: a Rádio Aparecida. Grande merecimento pela sua consecução tem o antigo vigário padre Andrade, que tanto batalhou por esta causa. O salão da Rádio ficou uma 'uva'. Padre Pieroni tem se dedicado de corpo e alma pela fiel execução deste projeto. A missa solene foi irradiada pelo padre Vítor Coelho".

Todos reunidos na Basílica, com peregrinos lotando à cunha o recinto, ouviram pela primeira vez a expressão consagrada pelo futuro apóstolo da Rádio Aparecida, "caríssimos", com a qual Padre Vítor iniciou naquele dia 8 de setembro de 1951, e iniciaria por 36 anos seguidos, seus programas na Rádio Aparecida: "Caríssimos,... inauguramos hoje a Rádio de Nossa Senhora".

14.2. Seus méritos na Rádio Aparecida

Dotes de comunicação não faltaram ao padre Vítor. Ele mesmo estava convencido desse seu carisma, que ele não gostava que confundissem com santidade. "Uma coisa é o carisma de comunicador, que Deus me deu, e outra a santidade, que não tenho", dizia. Mas era preciso aprimorar mais, contribuindo para isso o estágio que fez nos primeiros anos da Rádio, entre 1951 e 1954.

É sabido que um radialista deve fazer ou ter um nome nos meios de comunicação; não se trata de vaidade, mas sim uma exigência dos ouvintes. É preciso criar um auditório cativo e para isso concorrem o jeito de falar, a linguagem popular usada e, sobretudo, o dom inato da comunicação. Um bom teólogo pode fazer programas maravilhosos, sob o ponto de vista literário e doutrinal, mas, se não tiver também o dom inato da comunicação, não arrebata o povo, não cria um auditório cativo; seu nome fica apagado e seu programa, apesar de seu valor intrínseco, pode não ter quase audiência. Padre Vítor criou esse auditório, arrebatou o povo, fez um nome. Muitos confundiram esse "criar um nome" com vaidade pessoal ou falta de humildade.

Padre Vítor se tornou a figura expoente, um símbolo da Rádio Aparecida; ajudou enormemente em sua divulgação, fama e penetração. Com isso não excluímos tantos outros padres e leigos que na direção técnica, doutrinal e comercial tiveram e têm papel importante para o sucesso da Rádio Aparecida. Entretanto, para o grande público Rádio Aparecida e Padre Vítor eram a mesma coisa. Ele foi a alma da programação inicial, criando seus programas de audiência nacional, que ficaram no ar até sua morte, em 1987, como: *Os ponteiros apontam para o infinito*, das 12 horas, a *Consagração a Nossa Senhora*, das 15 horas. Criou um slogan, criou um mito, criou fama: "Padre Vítor da Rádio Aparecida".

Sobre a atuação do Padre Vítor na Rádio, escreveu o padre Daniel Marti, também operário de primeira hora na organização da programação religiosa:

"Inaugurada a Rádio Aparecida, ela começou a apresentar a programação de acordo com os planos já elaborados, bem como outros que foram surgindo mormente por iniciativa do padre Vítor Coelho de Almeida, por sua imaginação fecunda e criativa. Os longos meses de irradiação com as ondas longas proporcionaram ensejo para muita experiência, ampliação e aperfeiçoamento, não só da parte técnica, como da programação, que foi bem uma 'Overture' da grande sinfonia a ser executada, mais tarde, com o emprego das ondas curtas e médias.

Assim, já no dia 9 de setembro daquele ano de 1951, começaram as irradiações das missas, às 9h, aos domingos e, às 8h, das quintas-feiras, e da reza diária da noite, com a recitação do terço. Surgiu depois o programa 'Os ponteiros apontam para o infinito', ao meio-dia, seguido de alguns outros sobre a família, sobre a Bíblia, sobre a liturgia, e o dedicado às crianças no auditório, aos domingos, todos estes criados pelo padre Vítor Coelho".

A Rádio Aparecida ganhou um nome; seus programas um auditório cativo. Tudo isso nos leva a afirmar novamente que uma força, a da "alegre mensagem de salvação depositada em Cristo por mãos de Maria", e a força da equipe missionária, incluindo funcionários, fizeram a Rádio Aparecida. A "Rádio de Nossa Senhora" tem, portanto, seu carisma; e é mais que um carisma, pois é o mesmo dom, a mesma graça que Nossa Senhora Aparecida dispensa no seu Santuário para atrair nosso povo para Cristo. Por sua devoção e piedade, padre Vítor estava envolvido por esse carisma do Santuário; daí seu grande sucesso no trabalho de evangelização, como veremos a seguir.

15

Programas de Evangelização

Vamos ressaltar apenas os dois mais importantes, que ele criou e apresentou até a véspera de sua morte, ocorrida a 21 de julho de 1987: *Os ponteiros apontam para o infinito* e a *Consagração a Nossa Senhora*. Com esses dois programas eles ofereceu ao povo uma evangelização constante, instruindo e levando à conversão milhares e milhares de radiouvintes.

O programa irradiado da Consagração foi introduzido em 1954, pelo então Diretor, padre Laurindo Rauber, para divulgar a devoção a Nossa Senhora e inscrever as pessoas que se consagrassem a Ela. Padre Vítor o remodelou, e com duração de 15 minutos, o programa passou a ser feito no recinto do Santuário, sempre com muita participação dos romeiros. Tratava-se de um programa devocional de consagração das pessoas a Nossa Senhora, que tem seu fundamento na devoção mariana do povo, que, a exemplo dos grandes santos, se consagra à proteção de Maria. Como esse momento de piedade mariana era muito querido do povo, padre Vítor aproveitou-se dele para fazer um momento de evangelização. Feliz ideia essa, porque teve a força de convocar os romeiros presentes na cidade para um momento de evangelização e reunir milhares e milhares de radiouvintes em torno do Santuário, pelas ondas da Rádio Aparecida.

Como titular desse programa, padre Vítor procurou dar, especialmente nos primeiros anos, o verdadeiro sentido da doutrina mariana da Igreja. Com muita piedade e unção, ele atraía os romeiros e radiouvintes, unindo-os em torno da Imagem da Senhora Aparecida, para um momento de prece, que se tornou também um momento de evangelização. Tratou, durante os 36 anos desse programa, de diversos assuntos: vida dos santos, exemplos de fé, doutrina mariana, instrução catequética e litúrgica, celebração das festas e do Dia do Senhor, instrução catequética, esclarecimento sobre falsos e verdadeiros milagres, formação de comunidades cristãs rurais etc.

Outro programa cativo, e com maior audiência, era "Os Ponteiros apontam para o infinito". O nome é muito sugestivo, pois, ao meio-dia, quando ele iniciava seu programa de quinze minutos, os ponteiros do relógio estavam voltados para cima, para o infinito. E era para Deus que ele desejava que todos os seus radiouvintes se voltassem com ele na reflexão da Palavra de Deus. Nesse, como em outros, ele foi eminentemente um catequista, sendo sua maior preocupação instruir os ouvintes nos mistérios da fé e nos preceitos da vida cristã. Tinha didática, sabia chegar até o coração de grandes e pequenos, de pessoas cultas e até analfabetas. Tinha, numa palavra, o carisma de anunciador do evangelho. Por isso, o assunto mais tratado foi sempre a Palavra de Deus.

Estudo das Sagradas Escrituras – O carisma da palavra foi a nota marcante de sua vida, de seu apostolado radiofônico. Quantas vezes passou e repassou os textos de todos os livros das Sagradas Escrituras, particularmente dos Evangelhos e das Epístolas. O estudo da Exegese, feito por ele na Alemanha com bons professores, lhe valeu, além do gosto pela Escritura, os conhecimentos necessários para ser bom comentarista da Palavra de Deus. Gostava de se preparar para os programas com o estudo e a oração. Ele falava com convicção e fé; as palavras lhe nasciam do íntimo. Amava a Palavra de Deus.

No ensino ele foi ultraortodoxo, exigindo sempre submissão à orientação da Igreja. Palavra escrita, tradição e magistério da Igreja eram seus conceitos mais usados. Ele queria a Bíblia no coração do povo, não apenas em suas mãos. Quanto insistiu para que o povo compreendesse que a Palavra de Deus não é só a palavra escrita, mas a palavra anunciada pelos apóstolos, pela Igreja e contida também na tradição. Empregou infinitas horas de programas para convencer o povo que a palavra contida nos livros santos e na tradição é toda a revelação de Deus, e que esta só pode ser bem interpretada conforme o magistério da Igreja. Muitas vezes deixou de ser ecumênico, quando advertia o povo sobre o perigo da interpretação particular das Sagradas Escrituras. Mesmo assim, muitos membros de igrejas protestantes gostavam de ouvi-lo e até obteve conversões em seu meio.

Para melhor viver a Palavra de Deus, padre Vítor insistia muito com o povo para que santificasse o Dia do Senhor, com a participação da eucaristia. Fazia isto especialmente quando comentava a missa do Santíssimo e a das 9h, aos domingos, para o que tinha particular carisma. Sua insistência na formação das comunidades rurais tinha como objetivo propiciar a leitura e a reflexão da Palavra de Deus e o culto dominical, onde não tinha a santa eucaristia. Quando o bairro ou capela não tivesse pessoas aptas para dirigir a reflexão da Palavra de Deus, insistia para que as famílias se juntassem em casas particulares ou mesmo na capela para junto do rádio ouvir suas reflexões.

Entre as diretrizes para a Rádio, anotadas por nele, encontramos esta do item VIII: "Demos especial atenção à criação de comunidades de base e à prática do Culto da Palavra aos domingos, com grande sucesso atestado por numerosíssimas cartas vindas das mais diversas procedências – mais de três mil e quinhentas cartas no espaço de um mês e meio".

Sabemos, por informação pessoal, que a Diocese de Apucarana, na década de 70, organizou quase todas as suas diaconias rurais a partir das comunidades suscitadas para o culto da palavra e formadas pelo empenho do padre Vítor Coelho. Do pároco de Paraibuna, SP, Cônego Ernesto D. Arantes, temos este testemunho expresso em carta de 23 de novembro de 1968, dirigida ao padre Vítor Coelho: "A Rádio Aparecida é um Missionário pregando missões diariamente, em toda parte onde é ouvida. Na capela de São Benedito, sita no sertão de Paraibuna, a 30 quilômetros de distância da sede, o senhor Higino L. de Faria, sócio da Rádio Aparecida e zelador da capela, reúne o povo para ouvir seus programas, das 12 às 15 horas, aos domingos. Todos ficam religiosamente atentos e religiosos, ouvindo suas palavras". E o Pe. Juliano Lauer, de Argirita, MG, confessa em carta de 30 de setembro de 1981:

"O povo das comunidades está completamente no caminho de Jesus e de Nossa Senhora. O que o senhor nos fez só Deus pode recompensar". Seria um sem-número as cartas que se referem aos bons frutos de seus programas, se todas as quiséssemos citar.

Não podemos deixar de ressaltar o benefício das missas do Santíssimo irradiadas, do Santuário, por ele. A missa do Santíssimo, que era uma tradição imemorial no Santuário, ganhou sempre mais participantes. Ela se tornou um ponto alto da liturgia de louvor e de ação de graças, graças à sua piedade e unção. Seus comentários não eram apenas devocionais, continham elementos importantes de teologia litúrgico-eucarística. Serviam para instrução catequética do povo. E posso dar um testemunho pessoal. Em 1969, quando estávamos na pequena cidade de Canaã, situada no Triângulo Mineiro, por ocasião da peregrinação da Imagem de N. Senhora pelo Brasil, uma senhora me dizia: "Padre, meus filhos adolescentes querem fazer a primeira comunhão hoje; trouxe-os aqui para visitar N. Senhora, e queremos aproveitar a ocasião. Residimos mais de 30 Km da cidade; e não temos comunidade organizada. Só pude ensinar-lhes o que aprendi na missa do Santíssimo com o padre Vítor". Examinando-os, antes de os atender em confissão, percebi que estavam bem instruídos para participar da sagrada comunhão. Exemplos semelhantes podem a toda hora dar os que trabalham no Santuário; tantas são as pessoas que se instruem até hoje nos ensinamentos do Evangelho, mediante os programas religiosos da Rádio Aparecida.

Mas não eram só os católicos que lucravam com os programas do padre Vítor, também membros de outras igrejas.

Entre muitos exemplos posso dar este: Uma vez, viajando de ônibus pela Rodovia Castelo Branco, ao meu lado estava um senhor com quem entabulei boa prosa. Nós dois nos identificamos: eu como padre de Aparecida e ele como casado, membro da igreja presbiteriana, residente em Bataguaçu, MS. Às tantas, perguntou-me pelo padre Vítor, dizendo que era ouvinte assíduo de seus programas sobre a Bíblia Sagrada. Diante de minha estranheza por ser ele protestante, respondeu: "Eu gosto de ouvi-lo, pois fala tão bem sobre a Bíblia".

Dos programas alternados com outros padres, temos a Oração da Manhã e a Entrevista com os Romeiros, esta quase sempre feita por ele. A entrevista se tornou muito popular: os peregrinos apreciavam contar ao Pe. Vítor as graças recebidas e enviar aos seus parentes uma mensagem de saudação. Ele aproveitava, como trataremos mais abaixo, para orientar o povo sobre os assuntos de higiene, saúde e promoção social; gostava de esclarecer a diferença entre milagre, propriamente dito, e graça ou favor, que acontece frequentemente entre os devotos de N. Senhora.

Promoção humana e justiça social – Além da Bíblia, outro assunto importante, que ele tratava nos programas dos "Ponteiros", era a promoção humana e a justiça social. Padre Vítor, formado pelos velhos missionários redentoristas alemães, assimilou em sua vida grande sensibilidade em favor dos pobres. Quando dava as santas missões, nunca deixava de pregar a doutrina social da Igreja e de incentivar as associações que cuidavam dos pobres: Conferência de São Vicente e outras. Seu empenho maior na promoção humana e justiça social, porém, se deu na Rádio Aparecida. Ele comentou todos os documentos sociais da Igreja e procurou conscientizar os radiouvintes sobre o assunto. Embora moderado, nem por isso deixou de combater violentamente as injustiças sociais. Ele costumava traduzir em linguagem popular todos os documentos sociais da Igreja. Comentou, do começo ao fim, especialmente a Encíclica *Populorum Progressio*. Foi por causa de sua ousadia em advertir o governo na questão dos Direitos Humanos que a Rádio foi fechada e lacrada por um "zeloso" coronel da revolução, em 1969.

Logo nos primeiros anos da Rádio Aparecida, em 1953, ele instituiu um programa de promoção humana, com o singelo nome de "Escadinha do Céu". O programa ia ao ar todos os domingos, das 10h às 11h, e constava de mensagens educativas, número de cantos e música. Uma equipe de moças colaborava com ele na parte do coral e no recolhimento dos donativos destinados às famílias mais necessitadas. O programa chegou a despertar grande interesse na paróquia de Aparecida, e com aqueles donativos foram aliviadas as necessidades materiais de muitas famílias.

Com a expansão da Rádio e com sua penetração no território nacional, a partir de 1954, padre Vítor procurou conscientizar a respeito da questão social, incluindo: promoção da pessoa humana, higiene, salário justo e reforma agrária. Ao lado do zelo em evangelizar o povo, essa foi sempre sua preocupação. Junto com o catecismo, padre Vítor abria também ao povo a cartilha da promoção humana. Ele não se omitiu ainda na questão trabalhista, exigindo dos empregados responsabilidade no trabalho e na produção, e dos patrões o dever de pagar um salário digno e justo. Sempre foi contra o salário de fome e a falta de carteira assinada, que excluíam multidões dos benefícios da Previdência Social.

Por ser mineiro e ter uma irmã professora (a Mariinha, falecida em meados de 1997), que recebia um minguado salário em Araxá, Minas, muitas vezes condenou as injustiças dos salários das mestras mineiras. Quantas vezes ele defendeu o pequeno produtor rural contra os especuladores e por isso os aconselhava a se unirem em cooperativas para ter o produto de seu trabalho mais valorizado. Alguns patrões chegaram a reclamar de suas exigências na questão do salário, especialmente pequenos fazendeiros que não tinham facilidade de crédito.

A higiene e a saúde eram também sua preocupação. Servia-se de seus programas diários, especialmente na Entrevista com os Romeiros, para conscientizar e educar as comunidades, sobretudo rurais, nos princípios de higiene e de saúde. Exigia do povo da roça: o filtro de água e a construção da fossa séptica, cuidados necessários para se evitar a proliferação de doenças. Como bom mestre ensinava primeiro, repetia e reprisava a lição, para depois cobrá-la na hora da entrevista com os romeiros, perguntando aos entrevistados se já tinham o filtro de água e a fossa séptica. E muito irreverente e realista dizia: "Nada de ir atrás da bananeira... construam a latrina".

Seus programas sociais tiveram ótima repercussão no meio do povo, embora pesem algumas críticas por parte de seus confrades. Mas os frutos de conscientização foram compensadores. O povo começou a despertar para uma vida melhor, para uma vida mais humana e justa.

16

Clube dos Sócios, a Menina de seus olhos

Por meio do Clube dos Sócios, Padre Vítor procurou despertar entre seus radiouvintes o interesse pela evangelização. Não se tratava apenas de dar uma contribuição material para manter a Rádio, uma das finalidades do Clube, mas ser apóstolo da Palavra de Deus. Daí seu slogan, sempre repetido, "quem ajuda a pregação tem merecimentos de pregador".

Seu interesse pelo trabalho dos leigos vinha da década de 30, quando Dom Sebastião Leme liderava o movimento da Ação Católica no Brasil, e ele já organizava os leigos como auxiliares nas missões que pregava. Entre as diretrizes escritas por ele para a Rádio Aparecida, encontramos esta de n. 4: "Procuramos arregimentar todos os leigos, funcionários e ouvintes, num exército de apóstolos leigos para todos os campos de atividade apostólica, assim como para nossa atividade radiofônica em particular. O Clube dos Sócios constitui uma das formas concretas desse recrutamento".

O Clube não foi fundado por ele, nem tinha a mesma finalidade que passou a ter depois. Era um programa de participação dos radiouvintes, que sugeriam músicas ou pediam-nas para aniversariantes de sua família ou de sua amizade. As pessoas inscritas deviam contribuir com pequena quantia anual para manutenção do mesmo. Conforme suas notas, foi pelo ano de 1960 que ele descobriu a potencialidade do Clube no trabalho da evangelização. Percebeu que o Clube podia se desenvolver numa grande associação de apostolado leigo para os meios de comunicação. Iniciou então a campanha de seu fortalecimento, lançando no ar o leitmotiv: "quem ajuda a pregação da palavra tem méritos de pregador", pedindo ao povo que se inscrevesse no Clube e desse a contribuição anual estipulada.

Para fundamentar o apostolado dos leigos em todos os setores da vida da Igreja, começou a desenvolver de maneira simples e popular a teologia do sacerdócio comum dos fiéis. Após o Concílio Vaticano II, que emitiu diversos documentos sobre o assunto, dando destaque aos leigos dentro da Igreja, ele sentiu-se mais à vontade ao tratar do assunto. Padre Vítor tinha verdadeira obsessão pelo Clube dos Sócios. Em todas as entrevistas com os romeiros falava do assunto, pedindo colaboração. Idealizou a visita da Imagem peregrina de Nossa Senhora Aparecida às cidades que mais se destacassem na campanha do Clube, organizando-a todos os anos com shows e outros atrativos. Insistia a tempo e contratempo; nem mesmo um vice-prefeito do Paraná escapou de seu assédio. Escreveu no seu diário, a 13 de julho de 1966: "Passou por aqui o vice-prefeito de União da Vitória, PR, industrial e congregado mariano, em viagem para a sua terra. Ficou de arranjar bons representantes em União da Vitória para o Clube dos Sócios".

Empenhado em possuir uma Rádio de âmbito nacional, e, se possível, um canal de televisão, Padre Vítor queria fazer do Clube uma grande força financeira e de apostolado leigo. Pediu em 1966, quando era Diretor da Rádio, para uma firma especializada organizar e dinamizar o Clube dos Sócios. A partir de então, o Clube cresceu realmente em número de associados, tornando-se uma força para as finanças da Rádio Aparecida e de sua audiência cativa.

17

Ditosa Velhice

A Sagrada Escritura diz que no dia de suas núpcias, Tobias e Sara pediram a Deus vida longa e uma ditosa velhice. Para os judeus, uma vida longa e uma feliz velhice eram sinal da bênção de Deus. Vítor não pediu a Deus vida longa, mas a graça de poder perseverar na vocação de missionário redentorista até o fim e recebeu duas coisas: a perseverança na vocação de missionário e uma ditosa velhice. E essa velhice saudável e lúcida foi realmente uma bênção porque, apesar de ter estado em perigo de vida três vezes: quando criança em Conquista, em 1909, durante os estudos na Alemanha, em 1922, e aos 41 anos, em 1941, sempre atacado pela tuberculose, chegou à venerável idade de 87 anos. Curado miraculosamente por intercessão do servo de Deus, Padre Eustáquio, a tuberculose nem outra doença o atacaram mais. Faleceu em 1987, pelo declínio da própria natureza.

Seria interessante seguirmos agora alguns traços notáveis de sua vida: especialmente a face humana de sua existência.

Quando, em janeiro de 1941, ele subiu para Campos do Jordão, nem todos acreditavam em sua cura, tal a gravidade de seu estado de saúde. Ele sempre acreditou e não perdeu a vontade de viver, esperava poder voltar ao trabalho no seio de sua comunidade religiosa. No Sanatório da Divina Providência de Campos do Jordão, cercado por luxuriante natureza: céu azul, montanhas, pinheirais e flores, ele começou a amar a natureza, a vida: Deus era o centro de suas reflexões poéticas. Com essas passagens, revelou muito gosto pelas flores, especialmente pelas orquídeas; duas qualidades herdadas de seu pai Leão: poeta que decantava as belezas da natureza.

Na entrevista que deu à Rádio Aparecida, em 1983, por ocasião de seu octogésimo quarto aniversário, descrevendo a idade avançada de seu pai, que faleceu aos 90 anos, dizia que ele fora um homem que gostava da natureza e das flores. O mesmo gosto aparece muito acentuado na vida do Padre Vítor, especialmente depois que caiu doente.

No Sanatório, após os dois primeiros anos de repouso absoluto, ele começou a empregar a terapia da natureza. Idealizou e ajudou a construir a Gruta de Nossa Senhora de Lurdes, cercada de mimosas flores e plantas. Plantou bosques de árvores ornamentais e cuidava do jardim diariamente. Organizou um rico e bonito orquidário, cuidando e selecionando ele mesmo as orquídeas. Todas as manhãs e tardes dos dias ensolarados, estava o Padre Vítor passando suas horas sagradas de lazer e terapia junto das flores e plantas. Como dissemos atrás, ele procurava incutir também nas doentes do Sanatório o mesmo ritmo de contato com a natureza. Eram convidadas a percorrer as alamedas do bosque e do jardim, chegando mesmo a organizar junto com as Irmãs passeios e piqueniques nos belos recantos das vizinhanças do Sanatório.

Em Aparecida, a partir de 1949, ele começou a organizar, no pátio interno do convento, um caprichado jardim de flores, folhagens e orquídeas. Ajudado por amigos, entre os quais o Dr. Jesus, de Pouso Alegre, e livros especializados, chegou a adquirir bom conhecimento e técnica no manuseio das orquídeas. Tratar das orquídeas, formar novas mudas e acompanhar seu desenvolvimento e o cuidado com as espécies raras foram o seu lazer mais importante na maior parte do tempo que viveu em Aparecida. Em seu orquidário, ele possuía algumas espécies raras e fazia intercâmbio de plantas com amigos orquidófilos do Rio de Janeiro, Pouso Alegre e Belo Horizonte. Sempre que floria alguma espécie rara ele a colocava no refeitório para apreciação dos confrades. A florada de suas belas orquídeas inspirou-lhe muitos e muitos belos períodos literários de seus programas. Poesias, sem dúvida, que eram o louvor de sua vida ao Criador de todas as belezas... Como a delicada flor da orquídea brota de rudes e grossas raízes e folhas, sua alma emergia de sua natureza pela misericórdia de Deus e refletia sua beleza e bondade infinitas.

Seu temperamento era rude; grossas, às vezes, suas atitudes, mas seu coração e sua alma emergiam delicados e agradecidos, bendizendo continuamente a misericórdia de Senhor. "Sou filho da misericórdia de Deus", repetia tantas e tantas vezes em suas pregações e programas.

Na entrevista, concedida em 1983, ao Padre Antônio César Moreira Miguel, Diretor da Rádio Aparecida, quando comemorava 60 anos de sacerdócio, Padre Vítor louvava e agradecia a Deus que o escolhera para a vocação de missionário redentorista. Refletindo sobre sua alta posição de anunciador da palavra convertedora do evangelho e de cujo carisma estava consciente, dizia: "Eu penso que sou filho da misericórdia. Deus me escolheu, tirando-me, como diz a Bíblia, lá de baixo para me colar lá em cima. Assim Deus teve dó de mim e me trouxe para tão alta vocação, para me elevar tão alto. Louvado seja Deus!"

Você, que teve oportunidade de conhecer, no capítulo 3º desta biografia, sua infância conturbada, pode agora entender quanto o Vítor agradecia ter sido chamado para ser sacerdote e missionário do povo.

Em seis ocasiões especiais, padre Vítor subiu os degraus do altar para agradecer à misericórdia de Deus o benefício de sua vida e vocação: 1943, 1968 e 1978, respectivamente datas de seu jubileu de profissão religiosa de 25, 50 e 60 anos. E em 1948, 1973 e 1983, ele celebrou com muita gratidão e fé os jubileus respectivamente de 25, 50 e 60 anos de sacerdócio. A celebração mais solene foi a festa do Jubileu de 60 anos de sacerdócio no Santuário Nacional, a 5 de agosto de 1973. A Câmara Municipal lhe prestou homenagem particular em sessão especial e festiva, havendo ainda a inauguração de uma praça com seu nome e busto: Praça Padre Vítor Coelho.

Em todas essas datas ele expressou sua gratidão, com palavras até poéticas e cheias de unção, que se perderam no tempo e nas ondas da rádio... Mas o discurso de agradecimento durante a celebração do Jubileu de Ouro, em 1973, no Sanatório da Divina Providência, acontecida a 13 de agosto, diante da Gruta de Nossa Senhora de Lourdes, as irmãs gravaram e tiraram uma cópia. Na primeira parte ele compara sua vida com um cálice que é elevado para Deus e recebe sua graça como a gota de orvalho, que cai sobre a flor e lhe dá vigor e colorido. E tece ideias e conceitos poéticos sobre a luz, a água dos regatos e o azul infinito do céu, como sua vida que vai para o amor infinito do Pai... sua misericórdia que nos fez seu ministro, sacerdote. "Destes-nos, Deus, a cada um de nós a vocação evidente e insondável, que iniciam nossos caminhos como regatozinhos dirigidos por Deus. Insondável vocação que se inicia. Deus bondoso e misericordioso, que desculpando nossas falhas, sempre nos recebeis e nos confirmais em nossa vocação. Hoje, neste dia de gratidão, no Cinquentenário de minha ordenação sacerdotal, nesta manifestação de amor de vossos filhos bondosos, Deus eterno, nós vos adoramos e vos agradecemos por essa providência no Sanatório que tem esse nome, a vossa Providência que até aqui nos conduziu, e que há de nos levar para o seio eterno do Infinito na plenitude do amor. Agradecendo a Deus, agradeço a todos. Que festa bonita, meu Deus! Que coisa tão linda aqui no Sanatório Divina! Vocês recordaram e eu recordei, nós todos recordamos o passado. Deus que estava presente fez brotar aqui um paraíso de amor. Eu vos agradeço por essas recordações. Louvores eu não mereço... eu sei que não mereço. O que eu preciso é de perdão, o Sanatório deve perdoar a mim... pelo mau exemplo que eu dei, pelas minhas misérias e tantas misérias."

Nessa ocasião, suas palavras refletem seu apelo constante da última década de sua vida à misericórdia divina que o acolheu, apagou suas faltas, para daí fazer nascerem o amor e a gratidão. Como a flor da orquídea, a alma do padre Vítor brotou serena e transparente nas mais bonitas cores do amor e da gratidão, louvando e bendizendo a misericórdia de Deus.

18

A última consagração...

"Caríssimos... está na hora da Consagração." Com essas palavras, padre Vítor Coelho iniciou milhares de vezes o programa da Consagração, das 3 horas da tarde, durante os 36 anos de seu apostolado na Rádio Aparecida. E foi com essas mesmas palavras que ele abriu seu último programa da Consagração a Nossa Senhora, na véspera de sua morte, a 20 de julho de 1987.

Diante do altar da Padroeira do Brasil, às 15h, do dia 20 de julho, ele dirigiu sua palavra ao povo presente na Basílica Nova e aos ouvintes da Rádio Aparecida. É rica de significado espiritual a coincidência das palavras e dos fatos de sua vida. "Caríssimos, dizia ele, chegou a hora da Consagração"... sim, chegara a hora de sua consagração definitiva, de sua partida para junto do Pai. Mais tarde, às 17h, no mesmo altar da Basílica e no mesmo dia, com a Comunidade do Santuário, ele celebrava pela última vez a eucaristia e renovou seus votos religiosos. Ao despontar do dia 21 de julho daquele ano de 1987, às 6h35m, entregou sua alma ao Criador, encerrando definitivamente sua vida de consagração a Cristo, pelo Batismo, pela profissão religiosa e sacerdotal; de consagração a Nossa Senhora. Uma vida inteira consagrada a Deus e aos irmãos, na Igreja e na Congregação Redentorista. Recordemos os passos dessa Consagração.

15h – "É a hora da Consagração..."

Padre Vítor foi um consagrado de Nossa Senhora Aparecida. Sobressaiu no amor a ela. Não podemos concluir este trabalho sobre o perfil do missionário redentorista, padre Vítor Coelho de Almeida, sem apresentar a face de seu amor a Nossa Senhora, pois foi a razão de seu sucesso como missionário e radialista. Ele foi um dedicado e fiel servo da Mãe de Deus, seu discípulo dócil que aprendeu a lição do amor a Jesus Cristo e aos pobres de seu reino. Com Maria ele aprendeu a viver o ideal de Santo Afonso: amar a Jesus Cristo, evangelizando os mais pobres e abandonados.

A devoção a Nossa Senhora fez parte de sua vida; foi um caminho seguro para ele chegar até Jesus Cristo. Atendendo as palavras de Maria: "Fazei tudo o que Ele vos disser", cumpriu fielmente o programa que o Santíssimo Redentor lhe traçara na Congregação dos Missionários Redentoristas.

A caminhada do discípulo e do servo da Mãe de Deus começou com sua vocação no Colégio de Santo Afonso, na praça do Santuário de Aparecida, em 1911. Em 1917, antes do seu Noviciado, ele escreveu: "Que Nossa Senhora, que tão misericordiosamente se dignou (talvez em desproporcional recompensa que Vítor sempre lhe dedicou) de levá-lo do mau ao bom caminho, que ela o ajude a despojar-se completamente do homem velho, e, revestido do novo, perseverar até o fim". Ele se coloca como filho nos braços de Nossa Senhora Aparecida, ao entrar no Seminário, nas horas difíceis de tentação e na grave doença de 1941, que interrompeu sua carreira de missionário.

Levou consigo, para Campos do Jordão, a Imagem de Nossa Senhora Aparecida, que o acompanhava nas missões. Sob sua proteção iniciou o apostolado entre as doentes do Sanatório; levou seu nome e sua mensagem de esperança para as famílias de Campos do Jordão, através da Rádio que ele ajudou a fundar. Obtendo a cura, volta para Aparecida, onde inicia um novo caminho de ser missionário redentorista dedicado à pregação da Palavra aos mais pobres do Santuário e da Rádio Aparecida.

Como Santo Afonso Maria de Ligório, padre Vítor sabia do papel importante de Nossa Senhora no plano de salvação de cada cristão, e da própria comunidade. Todos os missionários redentoristas seguiam este caminho, apontando Maria que nos leva até Cristo. E o padre Vítor o fez, cheio de unção, nos anos de missionário, contribuindo para o esplendor da recepção da Imagem que movimentava o povo das cidades missionadas; para o altar da graça, onde os pecadores encontravam o caminho da reconciliação com Cristo, e para as procissões de Cristo Crucificado e de Nossa Senhora, no final das quais o povo fazia seu grande compromisso de fidelidade a Cristo e à sua Igreja. Imprimiu unção e entusiasmo na Consagração dos jovens e dos casais a Nossa Senhora. Entre todos os missionários distinguiu-se nesse amor filial à Mãe de Deus. Foram 36 anos de empenho para que o povo, especialmente os peregrinos, procurassem a verdadeira devoção a Maria. Ele a colocava como penhor de sua fidelidade a Jesus Cristo e garantia de salvação, conforme ensinava Santo Afonso.

O Superior Provincial, padre Carlos da Silva, em Circular de 1º de agosto de 1987, após a morte de padre Vítor, dirigindo-se a todos os membros da Província, escreveu sobre ele, destacando seu amor a Mãe de Deus: "Grande devoto de Nossa Senhora Aparecida, espalhou sua devoção para todo o Brasil, de tal modo que para muitos seu nome estava ligado inseparavelmente ao de Nossa Senhora Aparecida, e, por isso, faziam questão de encontrá-lo e tomar sua bênção quando vinham para Aparecida".

17h – Consagração a Deus

Naquela mesma tarde do dia 20 de julho, às 17h, Padre Vítor consagrava, de novo e pela última vez, sua vida a Deus pela renovação dos votos religiosos. A comunidade celebrava a missa festiva do Santíssimo Redentor, transferida do domingo anterior para aquela segunda-feira de julho, dia 21. Durante a concelebração todos os missionários, padres e irmãos leigos, renovaram seus votos religiosos com a intenção precípua de seguir os passos de Cristo – do Santíssimo Redentor – no anúncio do Evangelho aos mais pobres e abandonados. Padre Vítor estava entre eles e colocou, pela última vez, no altar da eucaristia a doação de sua vida, que fizera a Deus, já 69 anos passados, no dia 2 de agosto de 1918, na cidade de Bom Jesus dos Perdões, SP.

A oferta colocada no altar nunca foi retirada; ele nunca voltou atrás no seu propósito de ser o anunciador da misericórdia de Deus aos mais abandonados e necessitados. Nem mesmo quando teve que completar o que faltava à Paixão de Cristo, na sua "própria paixão" em Campos do Jordão, renunciando à sua missão de missionário itinerante para se dedicar à missão no Santuário e na Rádio Aparecida. Era a mesma oferta, o mesmo zelo, mas em campo diverso, desejado por Deus. O que ele pedira a Nossa Senhora Aparecida, em 1917, cumpria-se naquela última eucaristia, de 1987: "Despojai-me, Senhora, do homem velho, e revesti-me do novo, para que persevere até o fim".

Num de seus últimos programas de Rádio ele meditava sobre o grande dom da vida, dom que ele amou e procurou valorizar em favor do Reino de Deus. Referindo-se à primavera, que despontava, pois era o dia 22 de setembro, também dia de seu aniversário, descrevia as fontes que borbulham e cantam, a manhã que inicia a vida e a tarde que a conduz a Deus. Ele louvava e agradecia ao bom Deus sua existência. Com enlevos poéticos ele reviveu e consagrou sua vida a Nossa Senhora, e, por ela, a Deus. Sigamos seus pensamentos:

"Caríssimos! A primavera começou, a vida também começa; tudo o que é humano tem berço, tem origem. Aquele que nunca começou é a Fonte, e fonte de todas as fontes é o Eterno, o Imenso, o Todo-Poderoso, infinitamente santo, justo e misericordioso: Deus. Ele é o princípio que não teve princípio; o Pai, a ideia eterna do amor, Deus.

A primavera é um louvor a Deus, como todas as fontes, todas as plantas, todos os seres, enfim, são louvor a Deus. Pela vida o homem louva a Deus. Eu nasci de minha mãe, recebi vida humana. Esta vida veio de Deus; ele é a única e eterna fonte da vida. A Bíblia diz: "Os dias do homem sobre a terra são de 70 anos, os mais fortes chegam a 80". Agora, passando dos 80, a Bíblia nem fala disso, quer dizer que estou no fim. No fim da minha vida. Chegando, porém, a hora do silêncio, eu gostaria que a 'tarde' fosse tão bonita como a 'manhã'; que a tarde da minha morte seja tão bonita como o amanhã da vida.

Há um encanto tão lindo na tarde... quando as sombras se alongam, quando as coisas se desfazem, quando se acendem as luzes no céu... A linda e serena tarde na qual brilham as estrelas, aos poucos... A linda estrela da tarde – Maria – anuncia-nos aquele Sol Eterno, que nunca mais terá ocaso. É hora de calar... do silêncio! A noite vai cair...

Vamos, então, rezar, pedir a Deus; adorar, pedir, agradecer e desfazer as culpas, para que Cristo tenha compaixão de nós e nos receba na vida eterna. Vamos fazer nossa Consagração a ela, a Maria Santíssima, foi a fonte da qual a vida divina veio ao mundo. Por Maria, o Verbo Divino entrou no mundo. Sim, vamos nos consagrar a Nossa Senhora; quem se consagra a ela está se consagrando a Jesus, porque Nossa Senhora e os santos são participação da vida infinita, Cristo, que brotou da eternidade".

Creio que nessa síntese poética da vida, padre Vítor retratou sua própria vida consagrada a Deus, a Nossa Senhora e aos irmãos mais abandonados.

19

Morte e última despedida

Padre Vítor pedira que "a tarde de sua morte" fosse tão bonita como o "amanhã da vida"'. E assim foi. Aquela tarde de segunda-feira, a última de sua vida, foi tão maravilhosa, serena e tranquila, que edificou seus confrades e o povo que participava, tanto da consagração, das 15h, como da eucaristia, das 17h. Entregava-se inteiramente ao Senhor Jesus... Depois... veio "a noite do silêncio" e a "manhã luminosa" da sua volta à casa do Pai.

Padre Vítor faleceu na manhã do dia 21 de julho de 1987, terça-feira, às 6h35m, com 87 anos e 10 meses de idade, com 69 anos de profissão religiosa e 63 anos de sacerdócio. Uma ditosa e proveitosa velhice, sem dúvida! No comunicado de sua morte, enviado aos redentoristas da Província de São Paulo, pelo Superior Provincial, padre Carlos da Silva, lê-se: "Na manhã do dia 21, ao sentir os sintomas do mal que o acometia, Pe. Vítor disse ao sacerdote que o socorria: 'Estou mal, é o pulmão, quero receber a unção dos enfermos. Quando lhe disseram que o médico mandara interná-lo, disse: 'Não quero separar-me dos confrades, quero morrer aqui, quero a unção'. Só acedeu ser levado ao hospital quando percebeu que era uma ordem do Superior. No carro, a caminho do Hospital, calmo, lúcido, embora ofegante, repetia: 'Vamos rezar, é hora de rezar'. Morreu à porta do hospital".

Conforme diagnóstico médico, padre Vítor faleceu de edema pulmonar. Sua morte foi tranquila, santa e predestinada, tal como ele gostava de comentar e descrever, em seus programas de Rádio, a morte das doentes do Sanatório da Divina Providência de Campos do Jordão, "aclaradas pela luz da predestinação, dizia ele, que a gente quase ficaria com inveja". De fato, sua morte foi aclarada pela luz da predestinação, morreu na paz do Senhor.

Missa exequial e sepultamento – "Assim que ocorreu sua morte e a Rádio Aparecida divulgou a infausta notícia, escreveu o cronista, em pouco tempo todos já estavam sabendo do falecimento do ídolo do povo de Aparecida e de todo o Brasil. Quando o corpo foi transportado do Hospital Frei Galvão, de Guaratinguetá para Aparecida, o povo já estava apinhado nas ruas e aos poucos foi se formando um grande cortejo de carros que acompanhavam o carro fúnebre. Eram mais ou menos 9h, quando o caixão mortuário com o corpo do padre Vítor entrou na Catedral-Basílica. Antes disso deram várias voltas com ele pelas ruas de Aparecida. Colocado na nave central, perto do altar do fundo (*ala sul*), logo se foi avolumando cada vez mais o número de pessoas que desejavam ver e rezar pelo Padre Vítor. Começaram as missas de hora em hora até o dia seguinte, à hora do sepultamento. O padre que estava marcado para celebrar a missa podia também fazer uma celebração, mas parece que todos preferiam mesmo a missa. Sempre havia muita gente, cantando, rezando e chorando. A fila dos que desejavam ver de perto o padre Vítor era interminável.

Na quarta-feira, dia 22, ao clarear do novo dia, iam aumentando sempre mais as levas de pessoas que chegavam ao Santuário. Iam chegando aqueles que vinham de mais longe, e a igreja ia ficando cada vez mais repleta de gente, até culminar com a missa solene de corpo presente, às 9h. A missa foi celebrada no altar-mor. Todas as naves da igreja estavam lotadas. O silêncio era impressionante. Entram os concelebrantes para missa: 3 bispos e 121 sacerdotes."

Durante o velório o corpo ficou diante do altar da ala sul, o mesmo altar do qual padre Vítor se dirigia, todas as tardes, aos peregrinos, durante a consagração das 15 horas, nos dias úteis. O velório foi o mais concorrido da história de Aparecida. Cerca de 20 mil fiéis, entre pessoas de Aparecida, cidades vizinhas e peregrinos, participaram das homenagens e do último adeus prestado ao grande missionário redentorista Padre Vítor Coelho de Almeida. A multidão que acorreu aos funerais, as notícias, cartas e os telegramas sobre sua morte e virtudes são próprios para exaltá-lo como um homem de Deus, um predestinado do Senhor. Entretanto ele temia ser chamado pelo povo de santo; diante disso tinha medo de suas limitações porque não queria ser infiel ao ministério da pregação.

Que os traços luminosos das virtudes de sua vida, que emergem das sombras de suas limitações, sejam para nós exemplo e estímulo para a caminhada de nossa vida cristã.

20

Contrastes de um santo: defeitos e virtudes

Os santos nunca se conformam com o trivial: desejam e ambicionam sempre o melhor, e o mais perfeito. Chegam às vezes a causar espécie. Bem! Essa não é a definição tradicional da santidade. Ser santo consiste na união com Cristo, fazer sua vontade, seguir seu evangelho. Por isso Paulo Apóstolo chamava de santos todos os batizados que abraçavam a fé em Jesus Cristo e viviam seu compromisso batismal. A santidade vai do ser ao agir, isto é: "do plano ontológico ao plano moral, e aparece em sua verdadeira riqueza como realidade vivida deliberadamente, que penetra a existência da pessoa justamente porque, com a riqueza de seu ser e com a espontaneidade de sua vontade livre, se une a Deus entregando-se a ele com o calor do amor".[9] Cumprir sempre com bastante perfeição a vontade de Deus, que pode estar nas pequeninas coisas feitas

---

[9] Cf. *Dicionário de Espiritualidade*, Ed. Paulinas, p. 10 e 32. O Concílio Vaticano II não definiu teoricamente o que seja a santidade, mas expôs a doutrina sobre a natureza da santidade de acordo com a tradição e o próprio Magistério.

unicamente por seu amor, mas que exigem heroísmo. Existe, pois, um contraste na pessoa de um santo: o contraste entre o trivial e o perfeito.

A vida do padre Vítor, direcionada para Deus por Jesus Cristo e acompanhada por Maria, contrasta com sua infância conturbada. É o maior contraste: ele não era virtuoso, santo, mas tornou-se com a graça de Deus. Até os 11 anos e meio não estudou, não aprendeu o catecismo: foi um moleque de rua bem endiabrado. Depois: estudou, formou-se na espiritualidade redentorista, gastando seus dias pregando a palavra convertedora, com muito zelo e amor pelos mais pobres e abandonados, pelos redimidos de Cristo.

Trabalhou até a véspera de sua morte, conservando o pleno uso de suas faculdades físicas e intelectuais. Alimentava-se, cuidava da higiene pessoal, locomovia-se, celebrava a eucaristia diariamente, fazia seus programas diários na Rádio Aparecida, rezava e meditava com a comunidade; não necessitou de nenhuma ajuda, como acontece, às vezes, com outras pessoas idosas. É contraste de sua vida que, estando à morte em 1909, quando criança, e em 1942, quando restava sadia apenas uma parte de um dos pulmões, não atacada pela tuberculose, tenha recuperado a saúde e vivido até os 87 anos.

Como já vimos, trabalhou até o dia 20 de julho de 1987, véspera de sua morte. E quando, na madrugada do dia 21, seu coração já estava extremamente debilitado ao peso de mais de 87 anos, com certeza não teve um sono normal. Ao sinal da campainha das 6h, que despertava a comunidade do Santuário para a prece e o trabalho daquele dia, ele dirigiu-se ao vizinho de quarto, padre Geraldo

Bonotti, e lhe comunicou que não estava passando bem. Sendo levado para o hospital dizia: "É hora de rezar...", e assim morreu.

Limitações e defeitos – Limitação é o primeiro contraste do ser humano, que pelo seu ser espiritual participa da imagem de Deus e não tem contraste, isto é, não tem oposição entre o perfeito e o imperfeito, pois é a eterna perfeição. Os condicionamentos da infância ou da adolescência de alguém marcam sua vida. Hoje, há meios de superá-los, mas não de eliminá-los. Eles permanecem. Tornam-se até uma ocasião de buscar com mais sinceridade e zelo a perfeição, a santidade. Limitação e defeito que ajudam, e são como que degraus na ascensão no caminho da perfeição, pois a graça de Deus os supõe na santificação da pessoa humana. A graça não age sem a natureza e não anula seus impulsos; abranda-os, e até os sublima. Fraquezas e pecados conscientes levam o homem, tocado pela graça, a confiar mais na bondade e misericórdia de Deus do que nas próprias boas qualidades.

Foi essa realidade de sua infância que fez padre Coelho apegar-se à misericórdia de Cristo e o levou a proclamar com mais zelo e amor a palavra convertedora, levando tanta gente para o caminho da vida cristã.

Suas limitações, creio, resultantes de sua infância mal conduzida eram: maneiras um tanto infantis, agressividade e carência de afeto, no sentido de chamar a atenção, e certa teimosia. Quantas vezes ele agia como se só ele pudesse fazer bem, por exemplo: a missãozinha para as crianças durante as santas missões, a direção das missas irradiadas no Santuário. Ele chegou, como Diretor da Rádio Aparecida, a reprisar programas seus, mas não os de outros colegas, que também faziam bem essa função. Parece que ele não percebia o impacto dessas atitudes...

Como radialista, Vítor sabia que para o sucesso de seus programas era necessário formar uma audiência cativa, fazer-se ídolo para seus ouvintes, a fim de atraí-los e cativá-los. Mas não desconhecia que seu sucesso apostólico dependia da graça de Deus, por isso dedicava-se muito à oração. Muitos de seus confrades confundiam esse "criar um nome", "fazer uma audiência cativa" com vaidade e falta de humildade. Quantas vezes lhe faziam essa crítica: "Padre Vítor é um olha eu"... Se, porém, analisarmos sua declaração, dirigida aos confrades em 1984, na qual ele explica o porquê de seu zelo na pregação, veremos que ele estava convencido que Deus lhe dera o carisma de pregador e de profeta, e ele devia cumpri-lo com fidelidade. Reconhece suas limitações e até faltas, quando diz: "Mais de uma vez publiquei que todos os que me conhecem de perto e por detrás das cortinas sabem que sou muito indigno e pecador, embora procure sinceramente corresponder a tão alta vocação de profeta de Nossa Senhora Aparecida. Atemoriza-me a passagem do evangelho em que Jesus amaldiçoa os profetas indignos. Mas... ai de mim se não exercitar a profecia e a pregação!"

Padre Vítor foi um homem original. Igualmente o era no modo de trabalhar, daí a dificuldade de se ater a certas normas na Rádio Aparecida. As principais, e que criaram certos problemas com os responsáveis, foram: a não observância do limite de horário, certa imprudência em criticar governantes e injustiças no relacionamento patrões/empregados, expressões menos polidas de linguagem, quando censurava o comportamento das pessoas, qualidade das gravações de seus programas que ele fazia, suas peregrinações com a Imagem. Não há dúvida que todo bom comunicador, que tem bastante ascendência e grande autoridade sobre seu auditório cativo, tem mais liberdade de expressão. O que eu não posso falar, ele, certamente, pode sem escândalo, arrepio das boas maneiras ou repulsa. E a maioria dos ouvintes não leva a mal, como não levava a mal a maneira realista de expressar-se do padre Vítor. Entretanto, ele era humilde e sabia pedir perdão quando ofendia alguém.[10]

Como bom mineiro, padre Vítor gostava de política. E era partidário, pois morria de amores pelo presidente Juscelino, do PSD, em oposição ao Carlos Lacerda, da UDN. Nesse assunto e também em outros portava-se como uma pessoa extrovertida, reagindo logo. Era grande defensor de Getúlio Vargas, não por ter sido ditador, mas porque, sempre repetia, foi ele que sancionou a lei do ensino religioso nas escolas públicas.

Suas virtudes – Quando, no último dia 23 de novembro desse ano de 1997, nossos confrades da Província Redentorista de Goiás abriam o processo canônico sobre a vida e as virtudes do missionário redentorista, padre Pelágio Sauter, o superior provincial, padre Fábio Bento da Costa, dava esta característica daquele servo de Deus: Padre Pelágio foi um homem que

---

[10] Pe. Clóvis Bovo surpreendeu-o, certo dia, de joelhos no refeitório pequeno da comunidade, pedindo perdão a um de seus confrades.

acolhia os pobres e doentes sempre bondoso e sorridente. O sorriso acolhedor fazia parte de sua personalidade. Seu carisma: acolher os mais pobres e doentes com bondade.

Anunciar a palavra convertedora do evangelho com fé e esperança aos mais pobres e necessitados foi o carisma do padre Vítor. A palavra convertedora foi sua característica. Antes de tudo ele foi um homem de fé, um missionário que acreditava em Jesus Cristo e em sua Igreja. Fé que o conduziu a se dedicar aos mais pobres e necessitados. Fé que gerou uma confiança ilimitada em Cristo. Lembrando-se de sua infância conturbada, costuma dizer: "Sou filho da misericórdia de Deus", inculcando a mesma confiança em seus evangelizados. Ardia de zelo em anunciar com fé e esperança a palavra convertedora do evangelho aos mais pobres e abandonados. Para isso Padre Vítor viveu em grau eminente as virtudes da fé, da esperança e caridade. A caridade evangélica que o levou a se dedicar de corpo e alma à pregação da Palavra de Deus nos 10 anos de missionário itinerante, percorrendo cidades, vilas e bairros, levando a todos a esperança de salvação em Jesus Cristo. Fé heroica, quando abatido pela tuberculose, esperava sua cura a fim de poder voltar ao ministério das santas missões. Mas, diante da vontade de Deus que lhe indicou outro caminho, o de ser missionário do povo, ele o aceitou generosamente.

Demonstrou grande amor e caridade cristã para com as doentes do Sanatório da Divina Providência, onde cerca de 80 jovens se revezavam periodicamente na matrícula daquela casa para tratar da tuberculose. O amor às doentes o fez esquecer sua própria doença. Em Aparecida, quando ainda os programas não o assoberbavam no tempo e no estudo, gostava de visitar, aos domingos à tarde, as enfermarias da Santa Casa de Aparecida, levando sua bênção e sua palavra de conforto aos doentes. Orava pelas pessoas e quando lhe pediam a bênção para alguém doente, fazia-o com visível piedade.

Como religioso, não há dúvida que foi um bom redentorista, fiel às normas de vida de sua Congregação. Era até escrupuloso na questão do voto de pobreza. Em 1968/69, sua irmã Mariinha necessitava de um empréstimo para poder arrumar sua casa, que estava em petição de miséria e seu salário de professora não bastava, recorreu ao superior provincial. Era muito modesto no trajar e no calçar; suas roupas e calçados primavam pela simplicidade.

Quanto ao voto e à virtude da castidade foi fidelíssimo. Nesse particular deu ótimo exemplo quando, para se tratar da tuberculose, e mesmo depois quando voltava ao Sanatório da Divina Providência para passar o verão, convivia com as doentes daquele estabelecimento. Conforme testemunho de funcionárias ele tratava todas com igual atenção e discrição. Nunca lhe imputaram qualquer deslize nesse ponto. Corre entre seus devotos que ele teria pedido a Deus para ficar mais feio, pois era um moreno de bela aparência, a fim de não ser assediado pelas jovens durante as missões.

Foi um homem obediente, submetendo-se prontamente às advertências de seus superiores. Também na Rádio, como nos assevera Pe. Rubem L. Galvão, a respeito de algumas expressões fortes usadas por ele em seus programas.

Padre Vítor demonstrou grande amor a Deus, quando abatido pela doença, teve que abandonar a popularidade e aclamações nas santas missões e recolher-se no Sanatório, onde Deus lhe indicou um novo caminho para atingir com sua palavra convertedora os mais pobres e abandonados: os peregrinos e radiouvintes de Nossa Senhora Aparecida.

Seu zelo e humildade, penso, estão estampados na declaração que fez aos confrades em 1984, tendo-a proclamado antes e repetido depois dessa data. Com certeza ela reflete sua reta intenção.

Declaração aos confrades

"Eu, padre Vítor Coelho de Almeida, na data de primeiro de novembro de 1984, escrevo para gravar e deixar como nota testamentária o seguinte protesto, referente à minha atuação na Rádio Aparecida e na vida missionária nos últimos 30 anos:

Com muito entusiasmo, recebi e exerci o carisma de profeta e pregador nas missões e na Rádio. O bom povo não sabe distinguir entre carisma e santidade. Indebitamente fui sendo nimbado com a auréola de santo. Mais de uma vez publiquei que todos que me conhecem de perto, e por detrás das cortinas, sabem que sou muito indigno e pecador, embora procure sinceramente corresponder a tão alta vocação de profeta de Nossa Senhora Aparecida. Atemoriza-me a passagem do evangelho em que Jesus amaldiçoa os profetas indignos. Mas... ai de mim se não exercer a profecia e pregação!

A consciência me obriga a continuar pregando, fazendo propaganda..., deixando-me fotografar com o povo...., recomendando que as fotografias sejam um lembrete para entrar no Clube dos Sócios e para a guarda do Dia do Senhor... Hoje, veio-me a inspiração de deixar gravada uma advertência que deve ser repetida na Rádio após minha morte, que já deve estar perto. Eis a advertência:

Eu, Padre Vítor, depois de minha morte, se Deus me der a salvação, pedirei a Nosso Senhor que castigue salutares (*salutarmente*) as pessoas que, ignorantes e supersticiosas, se meterem a me venerar como santo. Rogo, porém, a todos que rezem muito por meu descanso eterno.

Ass. P. Vítor Coelho de Almeida."

21

Sua memória permanece viva

O povo tem seus ídolos e heróis, e lhes dedica gratidão, conservando sua memória. Eles são necessários para sustentar um idealismo sadio, o trabalho e a esperança; o povo os deseja e deles tem necessidade. A mensagem de sua vida e de suas obras são seu principal atrativo. Infelizmente, a mensagem de grande parte dos ídolos de hoje não tem um conteúdo de esperança e de amor, só falam do carnal, sem uma elevação humana mais nobre. Os altíssimos decibéis de sua música – falo mais dos cantores –, seus gestos e suas atitudes extravagantes servem só para fazer esquecer momentaneamente os problemas pelos quais passam os jovens. Não favorecem nenhuma esperança humana, muito menos aquela divina, que nasce da misericórdia de Deus e pode sustentar a pessoa humana em suas dificuldades materiais e espirituais.

Os santos e heróis, como modelo de vida, também são necessários, sobretudo para o povo. Sua mensagem é diferente, sua memória tem o poder de ressuscitar um amor mais nobre, aquele que conduz a Deus, trazendo esperança ao ser humano. Por isso, sua memória permanece e tem mais significado.

Passados muitos anos da morte do padre Vítor Coelho, ocorrida em 1987, sua memória está ainda viva no meio do povo, especialmente entre os ouvintes da Rádio Aparecida e os devotos peregrinos de Nossa Senhora Aparecida. Esses ainda não se esqueceram dele porque sua memória está baseada no seu carisma de evangelizador. Permanecem ainda cativos da Rádio Aparecida e do Santuário de N. Senhora Aparecida. É o que se pode constatar, e de fato já constatei, entre os que participam da Entrevista com os Romeiros da Rádio Aparecida, diariamente e na Sala da Penitência, onde eles buscam sua reconciliação com Deus. Em vida o povo já o chamava de "santo padre Vítor", porque sua palavra convertedora chegava até seu coração, despertando verdadeira busca de Deus: a conversão pessoal para Jesus Cristo. E, como gratidão, lhe dedicam grande estima e veneração. Este último fato é testemunhado por muitas cartas de leigos, sacerdotes e religiosos.

Assim que o padre Vítor Coelho fechou os olhos para esta vida, já se iniciavam os prenúncios de sua santa memória. É o que lemos no Memorandum do padre G. Bonotti: "Apagara-se aquela vida luminosa que, com o grande carisma de Apóstolo da palavra, irradiara a luz da fé e inflamara nos corações o amor a Deus e a Nossa Senhora, convertendo multidões".

E logo depois temos este testemunho do pároco de São João Batista, da cidade de Amparo, SP, padre José Veríssimo:

"Conheci e queria muito bem ao padre Vítor. Ele me ajudou, e muito, quando eu estudava aí em Aparecida e depois quando era pároco em Itapira. Tenho programas religiosos aqui em duas emissoras de Amparo, em ambas farei homenagens ao padre Vítor".

Este outro testemunho é do jovem João do Carmo Macedo, da cidade de Mariana: "Agora, depois de um mês da morte, podemos perceber como o povo gostava do padre Vítor. Na comunidade onde faço pastoral nos fins de semana todos contam suas tristezas. Eles falam com o coração partido e cheio de fé. Um adulto me dizia: 'No dia de sua morte não comi nada de tanta tristeza, era o meu pai espiritual'. De um mais jovem ouvi: 'Aprendi desde criança com as palavras dele: as coisas de Deus e do mundo'. Ele conseguiu conquistar de verdade o coração de todos nós, mas principalmente dos mais pobres e abandonados pela sociedade. No meio de tantos ídolos feitos pelos Meios de Comunicação do Brasil, ele, usando os mesmos meios, não foi um ídolo, mas muito os superou no pastoreio das ovelhas do Senhor".

Outro sinal inequívoco de sua fama entre o povo são os 32 ofícios de Câmaras Municipais, não contando os telegramas, que nos meses subsequentes à sua morte foram enviados à Rádio Aparecida ou ao Santuário. Contamos entre eles alguns de cidades grandes, como: Sorocaba, São Carlos e São José dos Campos. O teor quase sempre se referia à sua fama entre a população e o bem que ele lhe havia dispensado com seus programas religiosos e de promoção humana.

Da cidade de Andirá, PR, o Sr. João Alves Neves escrevendo nos dá esta memória do Padre Vítor: "Em janeiro de 1986, tivemos a sua presença aqui em nossa cidade, trazendo a Imagem de N. Senhora Aparecida. Já em vida viveu como um grande santo e este santo está agora face a face com o Altíssimo Deus, ao qual pedimos sua intercessão valiosa. O grande pregador da Palavra de Deus e propagador da Mãe de Deus e nossa!".

Respigando nas cartas de bispos, sacerdotes e religiosos achamos, entre outros, estes pensamentos: "Padre Vítor foi um intercessor junto de Deus e um grande missionário que não precisa mais da Rádio Aparecida para se comunicar a seus ouvintes, mas que falará a todos através do próprio Deus, que contempla face a face".

"Na verdade perdemos um grande amigo e experimentado conselheiro, mas ganhamos um grande santo a interceder por nós."

Uma religiosa anciã de 83 anos (1894-1987), entusiasmada pelo Clube dos Sócios, por causa do Padre Vítor, escreve: "Vendo o entusiasmo do pessoal do Clube, resolvi, ainda que já no ocaso da existência (83 anos), fazer-me representante do Clube, aqui neste fim de Brasil (*extremo sul*), onde a RA não é conhecida, portanto um trabalho pioneiro, difícil de conseguir sócios. Mas vou agarrar-me ao padre Vítor lá no céu, junto da querida mãezinha para me ajudar nesse trabalho de difusão da RA neste recanto do Brasil".

Um padre radialista ficou grato com o padre Vítor porque definiu sua vocação de evangelizador: "Padre Vítor me fez gostar de Rádio. Escutei padre Vítor durante quase toda a minha vida e, hoje, faço da Rádio a minha melhor entrega a Deus".

Um bispo redentorista tem esta expressão: "Pe. Vítor, um santo da Província de São Paulo e um modelo de missionário".

"Estava ele tão profundamente convencido da mais urgente de todas as obras, a pregação do S. Evangelho, que o fazia diariamente, e mais vezes ao dia, com grande admiração de todos os que o ouviam. Recordar-nos-emos sempre de sua palavra, plena de unção e de fé", escreveu o reitor do Seminário Arquidiocesano de Diamantina, MG.

"Nosso povo de São João del Rei está muito ligado ao Pe. Vítor", escreveu o Pe. José, em nome da família de Dom Delfim.

Este caso que o Pe. João P. Gomes, missionário redentorista, recebeu de uma senhora, é deveras interessante:

Uma senhora que necessitava de uma cirurgia urgente e muito melindrosa na perna, veio de São José dos Campos para pedir que o padre Vítor a abençoasse, antes de se submeter à operação. Tratava-se de um tumor maligno e havia o perigo de amputar a perna. Padre Vítor lhe disse: "Eu dou a bênção e você vai ser feliz na cirurgia, não vai ser preciso amputar a perna". Contente, a mulher disse: "Depois voltarei para lhe agradecer". Ao que padre Vítor replicou: "Eu não estarei mais aqui, mas você deve comunicar o resultado ao padre João". De fato, ela voltou, e como ele já havia falecido, relatou esse caso ao padre João.

***

São intermináveis os testemunhos das pessoas. O povo demonstrou muita veneração para com o padre Vítor, já em vida, nos longos anos de suas atividades de pregador no Santuário e na Rádio Aparecida. Por ocasião de sua morte, houve lágrimas, tristeza e luto da grande multidão de devotos. E, passados muitos anos, sua memória continua viva entre as centenas e centenas que prestam homenagem à sua pessoa, agradecendo sua intercessão junto de Deus e de Maria, sua Mãe.

Concluindo o perfil biográfico do padre Vítor Coelho, queremos registar este trecho da Declaração aos confrades, que é bom para não anteciparmos o julgamento da Igreja sobre suas virtudes. "Com muito entusiasmo recebi de Deus e exerci o carisma de profeta e pregador nas Missões e na Rádio Aparecida. O bom povo não sabe distinguir entre carisma e santidade. Imediatamente, fui sendo nimbado com a auréola de santo. Publiquei mais de uma vez que todos os que me conhecem de perto, e por detrás das cortinas, sabem que sou muito indigno pecador, embora procure sinceramente corresponder a tão alta vocação de profeta de Nossa Senhora Aparecida."

Índice

Apresentação 5

1. As famílias Coelho de Almeida e Alves Moreira 9
2. Infância conturbada 19
3. Vocação do Vítor e conversão do pai 23
4. Formação humana e religiosa 29
5. Sacerdote pelas mãos do Cardeal Faulhaber 49
6. A volta e o reencontro com a família 55
7. Catequista na igreja de Santa Cruz 61
8. Na escola do Padre Estêvão Maria 67
9. Padre Vítor, missionário do povo 71
10. Animador das vocações 79
11. Missão interrompida 83
12. A missão do sofrimento 87
13. Missionário de Nossa Senhora Aparecida 99
14. Apóstolo da Rádio Aparecida 105
15. Programas de Evangelização 113
16. Clube dos Sócios, a Menina de seus olhos 121
17. Ditosa velhice 125
18. A última consagração... 131
19. Morte e última despedida 137
20. Contrastes de um santo: defeitos e virtudes 141
21. Sua memória permanece viva 151

Este livro foi composto com as famílias tipográficas ITC Tiepolo e Adobe Garamond
e impresso em papel Offset 75g/m² pela **Gráfica Santuário.**